UN ÉCONOMISTE INCONNU DU XVIIe SIÈCLE.

TRAITÉ DE L'ÉCONOMIE POLITIQUE

PAR

ANTOINE DE MONTCHRÉTIEN, SIEUR DE VATEVILLE.

DU MÊME AUTEUR.

MÉMOIRE

SUR

ANTOINE DE MONTCHRÉTIEN

SIEUR DE VATEVILLE

AUTEUR DU PREMIER **Traité d'Économie politique**

PAR M. JULES DUVAL

LU EN SÉANCE DE L'ACADÉMIE DES SCIENCES MORALES ET POLITIQUES

> Qui peut nier que ceux qui ont écrit
> les premiers n'aient beaucoup fait,
> seulement en montrant le chemin, et
> rompant la glace aux autres?
>
> (OLIVIER DE SERRES, Préface du
> *Théâtre d'Agriculture.*)

PARIS

GUILLAUMIN ET Cⁱᵉ, LIBRAIRES-ÉDITEURS

RUE DE RICHELIEU, 14

1868

EXTRAIT DU COMPTE-RENDU

De l'Académie des Sciences Morales et Politiques,

RÉDIGÉ PAR M. CHARLES VERGÉ,

Sous la direction de M. le Secrétaire perpétuel de l'Académie.

T. LXXXV et LXXXVI.

UN ÉCONOMISTE INCONNU DU XVIIᵉ SIÈCLE

TRAITÉ DE L'ÉCONOMIE POLITIQUE

PAR ANTOINE DE MONTCHRÉTIEN, SIEUR DE VATEVILLE.

L'économie politique, comme toute science, est un fruit, lentement mûri, de l'intelligence humaine. Avant de se constituer, durant le cours du xviiiᵉ siècle, en un corps de doctrine, fondé sur un enchaînement de faits bien observés et de lois bien déduites, elle a commencé par de laborieuses recherches, où de rares vérités sont voilées par de nombreuses erreurs : si parfois, chez quelques esprits supérieurs, les vérités dominent, elles n'embrassent que des questions particulières. Tout imparfaits que soient ces travaux aux yeux de la postérité plus éclairée, ils méritent l'attention et l'estime, à titre de premières reconnaissances du champ de l'inconnu : leurs auteurs sont les vrais pionniers de la science. Que les uns inclinent vers les systèmes abstraits, que d'autres soient plus portés aux applications, tous ils préparent le monument futur qui mettra en lumière et à leur place ces matériaux épars, en les couronnant de nouvelles assises. A chaque ouvrier un jour l'histoire rendra justice.

De ces précurseurs le nombre s'accroît à mesure que les recherches savantes pénètrent dans les secrets du passé ; car en toute époque des esprits éminents méditèrent sur les intérêts pacifiques des peuples. Dès à présent, et sans sortir de la France, on a nommé, dans l'ordre des temps, comme dignes de ce titre : Nicole Oresme, le premier théoricien exact de la difficile matière des monnaies (1); — Bodin, qui émit aussi des idées justes sur ce sujet et plusieurs autres, la liberté, la propriété, les impôts, non sans les allier à beaucoup de superstitieux préjugés (2); — Boisguillebert, ce vigoureux esprit, dont les solides mérites, longtemps méconnus, ont été enfin tout récemment signalés avec éclat (3); — Vauban, cet illustre citoyen et savant homme de bien, digne rival de Boisguillebert dans la réforme des abus, en un siècle dont la prospérité matérielle n'égala pas la splendeur intellectuelle (4). — Henri IV lui-même, quoiqu'il fût roi avant tout, a été apprécié comme économiste, en compagnie et en contraste avec Sully, son inséparable conseiller (5). D'autres immortels ministres, Richelieu et Colbert, sont en notre temps profondément étudiés sous ce jour nouveau ou renouvelé (6). Viendra bientôt sans doute le tour de Rabelais, Montaigne, Fénelon, Montesquieu, Voltaire, Rousseau, qui ont, eux aussi, éclairé des rayons de

(1) Son *Traité de la première invention des Monnaies*, publié par M. Wolowski.

(2) *Jean Bodin et son temps*, par M. Baudrillart.

(3) *L'Économie politique avant les Physiocrates*, par M. Horn ; et le rapport de M. H. Passy, sur le concours ouvert par l'Académie.

(4) *Étude sur Vauban*, par M. Baudrillart.

(5) *Henri IV économiste*, par M. Wolowski. — *Histoire de Henri IV*, par M. Poirson.

(6) Avenel, *Lettres, instructions diplomatiques et papiers d'État du cardinal de Richelieu*. — Pierre Clément, *Lettres, Instructions et Mémoires de Colbert*, et son *Histoire de Colbert*. — Travaux de MM. Caillet, Chéruel, Joubleau, etc.

leur génie pénétrant divers aspects de l'ordre économique. Je ne parle pas de Quesnay et de toute l'école des physiocrates jusqu'à Turgot, ces devanciers d'Adam Smith : ils sont restés les pères de l'économie politique, s'ils n'en sont plus les maîtres, et un membre de votre Compagnie écrit en ce moment leur histoire (1).

A cette glorieuse lignée d'ancêtres je viens proposer aux économistes contemporains d'en adjoindre un nouveau, à peu près inconnu, et digne cependant, à mon sens, de figurer parmi leurs aïeux. Le publiciste obscur en faveur duquel je réclame cet honneur se nomme ANTOINE DE MONT-CHRÉTIEN, sieur de VATEVILLE, auteur du premier Traité d'Économie politique, qui ait paru en France et même dans le monde. Après une rapide esquisse de sa vie, j'entreprendrai une analyse raisonnée de son œuvre ; et l'Académie, quand elle aura entendu mes preuves, jugera, j'ose l'espérer, ma revendication bien fondée.

1. — Sa vie.

ANTOINE MAUCHRÉTIEN, — c'était son vrai nom, d'après Malherbe et un arrêt de justice,—naquit vers l'an 1575, dans la petite ville normande de Falaise, où son père était apothicaire. Resté dès son enfance orphelin sans fortune, il fut confié à la tutelle d'un voisin, qui le mit en domesticité auprès de deux jeunes seigneurs, MM. de Tournebu et des Essarts, alors élèves du collége de Caen : doué de vives fa-

(1) M. L. de Lavergne. Mémoires lus à l'Académie sur Quesnay et ses disciples.

cultés; l'enfant profita de sa position pour s'instruire avec ses maîtres, comme firent Amyot et Ramus. Grâce à leur complaisante amitié, Mauchrétien reçut l'éducation d'un gentilhomme, habile à tous les exercices du corps et de l'esprit. Entraîné par le goût du temps et de sa province pour la tragédie, il compose, à l'âge de 19 ans, une *Sophonisbe*, ou *la Carthaginoise*, et dans l'espace des sept années suivantes, cinq autres tragédies, sans négliger les genres secondaires; une *bergerie* (Suzanne), des stances, des sonnets, divers poèmes. Ses débuts sont encouragés, son talent apprécié. A Caen et à Rouen il fréquente les familles parlementaires; il vit dans l'amitié du président Claude Groulard, l'un des éminents personnages de la Normandie L'honneur de son nom grandit avec sa destinée. Suivant une coutume dont il n'a donné ni le premier ni le dernier exemple, le fils du petit bourgeois Mauchrétien devient Anthoyne de Montchrétien, bientôt après sieur de Vateville; plus tard on le nomma baron de Vateville, du nom, paraît-il, d'une terre noble que lui apporta en mariage une jeune et riche veuve dont il avait défendu le patrimoine (1).

Malheureusement cette brillante carrière, si bien commencée, ne tarda pas à être traversée par des incidents qui en changèrent le cours. Un premier duel, où Mauchrétien avait été laissé pour mort sur place, lui avait valu une réparation de douze mille livres; un second fut moins heureux pour sa fortune. Il tua son adversaire, et menacé des peines terribles que portaient les édits royaux, il se réfugia en Angleterre. Là sa renommée littéraire, ses talents de cour,

(1) Il y a en Normandie deux communes du nom de Vatteville. l'une dans l'Eure, l'autre dans la Seine-Inférieure.

sa fière et intelligente figure (1), ne tardèrent pas à le rendre agréable au roi Jacques Ier, qui demanda sa grâce à Henri IV et l'obtint. Au bout de quelques années, Montchrétien put rentrer en France et y vivre en sécurité.

Mais son séjour en Angleterre avait produit en son esprit une révolution, dont l'histoire offre bien d'autres exemples. Depuis trois siècles le spectacle de la libre Angleterre a inspiré le goût des libertés, en religion, en philosophie, en politique, à nombre de Français qui s'y étaient rendus avec des sentiments contraires; en même temps le tableau vivant de la puissante activité de ce pays a mis en honneur le travail dans beaucoup d'esprits qui en méconnaissaient la noblesse. Montchrétien subit cette influence et elle ne put que se fortifier, dans un voyage en Hollande, qu'il paraît avoir visitée, d'après les descriptions enthousiastes et précises qu'il fait de ses villes. Parti de France littérateur, il y revint industriel.

L'industrie du fer l'avait surtout frappé, comme source de richesses. Par une détermination, aussi étrange que bien avisée, l'écrivain dramatique, le courtisan, le gentilhomme, rompant avec toutes les traditions de son pays et de son rang, va s'établir dans la forêt d'Orléans et ensuite à Châtillon-sur-Loire, où il installe des ateliers. Là, il met en œuvre le fer et l'acier; il fabrique des lancettes, des couteaux, des canifs, des ustensiles de quincaillerie qu'il fait vendre à Paris, et il continue ce métier pendant plusieurs années. L'entreprise lui fut sans doute lucrative, car ses ennemis répandirent le bruit qu'il faisait de la fausse mon-

(1) C'est l'idée qu'en donne le portrait placé en tête de la première édition de ses tragédies.

naie, comme on en avait aussi, dans le siècle précédent, soupçonné Bernard Palissy, un esprit plus grand encore, qui avait compris, l'un des premiers entre les modernes, comment le travail industriel peut engendrer la richesse. L'accusation ne paraît pas avoir eu prise sur l'esprit du roi, car on trouve plus tard Montchrétien à la suite du Conseil, où l'avait porté sans doute la faveur du prince de Condé, le père du grand Condé, qui le protégea durant tout le cours de sa vie, et à qui deux fois il dédia ses poésies.

Montchrétien menait de front ses lucratives spéculations et ses honneurs de cour, lorsque les États-Généraux furent convoqués à Paris en 1614. Cet événement, que Henri IV avait préparé et désiré sans pouvoir l'accomplir, parce qu'il avait péri avant l'heure sous le poignard d'un assassin, était la consécration solennelle des aspirations nationales, des réformes monarchiques et des courants d'idées qui avaient marqué, d'une empreinte si nouvelle et si féconde, le règne du grand roi. Durant ce trop court règne de quinze ans, tous les intérêts s'étaient affirmés, tous les progrès avaient commencé ; il ne restait qu'à les concilier et les développer en les rapprochant. Ce devait être l'œuvre des Etats-Généraux, œuvre si tristement avortée, sous l'impuissance du gouvernement de Louis XIII enfant à comprendre et diriger ce grand mouvement.

Instruit par l'observation de l'étranger et par son expérience personnelle, témoin d'ailleurs très-rapproché du conflit des prétentions et de l'agitation des esprits, Montchrétien voulut, en bon citoyen, éclairer de ses lumières les discussions des trois ordres et la politique de la monarchie. L'industriel se fit économiste. Il composa un livre pendant la

tenue des Etats-Généraux, et quelque temps après leur
clôture il le publia sous le titre de *Traicté de l'OEconomie politique*, qu'il dédia au roi et à la reine mère.

Quel en fut l'effet? Nous l'ignorons. Il fut nul sans doute,
car l'ouvrage n'eut qu'une édition. Pour prendre goût à ces
sévères études, la cour était trop livrée aux intrigues, la noblesse trop occupée des triomphes de sa vanité, le clergé
trop absorbé dans ses querelles religieuses. La bourgeoisie
seule, dont Montchrétien s'était fait l'interprète éclairé,
aurait pu apprécier ses leçons; mais trop éloignée du gouvernement pour les appliquer, elle ne paraît pas avoir même
cherché à les connaître et les répandre.

Cependant six années s'écoulent après la publication du
Traicté de l'OEconomie politique, pendant lesquelles Montchrétien essaie de réaliser pour son propre compte ses vues
commerciales et industrielles. On le trouve à Rouen,
en 1619, occupé de faire un embarquement et de soutenir
un procès pour un navire qu'il a frété.

Bientôt après éclate, dans cette vie déjà si accidentée, une
nouvelle péripétie. Par une évolution religieuse et politique
dont le secret nous échappe, Montchrétien, qui parle en catholique dans son ouvrage, se trouve engagé dans le parti
protestant. En 1621, il est des premiers à prendre les armes
pour appuyer les mouvements des calvinistes qui font de
La Rochelle leur quartier général. Il se jette dans Jargeau,
que bientôt après il est obligé de remettre aux troupes du
roi, puis dans Sancerre et à Sully, où il n'est pas plus heureux. Enfin il pénètre dans La Rochelle, à la fin de juillet, et
grâce à ses exploits, que rehaussaient son courage et son éloquence, il acquiert parmi les réformés une grande autorité.

Ils le chargent d'organiser la guerre en Normandie, le pays de son origine, de ses amitiés et de ses relations. C'est la mission qu'il remplissait, depuis deux mois, avec beaucoup d'ardeur et non sans succès, lorsqu'il se laissa surprendre, le 7 octobre, dans le bourg de Tourailles, situé entre Falaise et Domfront, par le seigneur du lieu, resté fidèle à la cause du roi. Ce seigneur était Claude Turgot, de la famille déjà considérable en Normandie, qu'illustra au siècle suivant le ministre de Louis XVI. Sommé de se rendre, Montchrétien se défendit vaillamment, mais blessé à mort d'un coup de pistolet, il expira bientôt achevé à coups de pertuisane. Avec la vie du chef de parti ne finit pas l'expiation. Le cadavre fut transporté à Domfront, où un procès lui fut fait, et les juges le condamnèrent, comme coupable de lèse-majesté au premier chef, à être traîné sur la claie, à avoir les membres rompus et brûlés, et les cendres jetées au vent (12 octobre 1621). Quelques jours après, le parlement de Rouen disputait ces malheureux restes aux juges de Domfront.

Ce fut la fin de la révolte de Normandie, et en même temps celle d'un homme à qui ses talents, ses travaux, son ambition même, jusqu'alors toute tournée vers les profits et les honneurs de la paix, semblaient réserver une renommée pure de toute tache. Sa faute, partagée avant et après lui par beaucoup de hauts personnages et d'illustres citoyens, n'est pas de celles qui couvrent un nom d'une honte indélébile : les vicissitudes de la patrie nous ont appris l'indulgence, et le xviie siècle lui-même, malgré le culte religieux dont il entourait la monarchie, n'était pas sans pitié généreuse pour les rebelles et les vaincus. Néanmoins la mort, tragique jusqu'à l'ignominie, d'Antoine de Montchrétien, est certainement pour beaucoup dans le silence immérité qui, pendant plus de deux siècles, s'est fait autour de son nom et de son œuvre.

II. — Ses Œuvres. — Le Traité de l'Économie politique.

C'est en effet un point à remarquer que, à partir des lettres de Malherbe et des premiers volumes du *Mercure français*, ou de quelques récits contemporains de la révolte, le nom même de Montchrétien semble disparaître de l'hisoire. Comme auteur de tragédies, comme écrivain normand, il est quelquefois rappelé dans des ouvrages littéraires et historiques du xviiie siècle et du nôtre. Comme notable calviniste, il figure dans des recueils récents consacrés à la France protestante. A ces divers titres son nom est inscrit, avec de courtes indications, dans la plupart des dictionnaires biographiques; mais comme économiste il reste jusqu'à nos jours entièrement inconnu. Du moins son *Traité* n'est jamais cité dans les nombreux écrits économiques qui se sont succédé depuis sa mort jusqu'à une époque très-voisine de nous. Comment expliquer cette omission volontaire ou cette ignorance — alors que tant d'autres livres bien plus dignes de l'oubli ont été sans cesse remis en lumière! — autrement que par cette ombre sinistre qu'une mort déshonorante avait jetée sur le nom de Montchrétien? La Normandie qui, mieux qu'aucune province, aurait pu évoquer le souvenir des travaux de l'un de ses enfants, en rougissait plutôt pour la foi politique et religieuse dont elle se faisait gloire.

L'érudition seule, — cette amie courageuse des oubliés et des victimes, — pouvait braver l'impopularité d'une tardive réhabilitation. C'est ce qui est arrivé pour Montchrétien.

Il y a trois ans, un professeur distingué de la Faculté des lettres de Caen, M. Joly, a consacré à sa mémoire une notice historique et biographique (1), que j'ai prise pour guide dans les pages qui précèdent; ses recherches ont apprécié à leur vraie mesure le caractère et la valeur littéraires des tragédies de Montchrétien et son rôle dans la nombreuse pléiade des poètes normands, prédécesseurs de Corneille. M. Joly a en outre cité, du *Traité de l'Economie politique*, assez de passages pour me faire soupçonner, dès que j'en eus connaissance, un mérite de beaucoup supérieur à l'opinion qu'en avaient exprimée les rares écrivains modernes qui s'en étaient occupés (2).

Ne voulant faire connaître en Montchrétien que l'économiste, je ne dirai de ses tragédies qu'une seule chose : c'est qu'elles se recommandent par une grande élévation d'esprit, qui se remarque tant au choix des sujets, éminemment dramatiques (3), qu'à la hauteur des pensées et à la noblesse des sentiments qui animent les personnages, qui inspirent les actions. Il a, dit M. Joly, les allures et la trempe d'un

(1) *Antoine de Montchrétien. poète et économiste normand.* In-8°, Caen, Le Gost-Clérisse, 1865.

(2) Frappé de la table des matières du *Traité,* que contient le *Dictionnaire de l'Economie politique,* j'avais déjà compris Montchrétien, avec Oresme et Boisguillebert, dans le plan d'une conférence sur les *Economistes normands,* que je devais faire à Rouen en 1865, que j'y ai faite en effet, et qui a été résumée dans l'*Annuaire des Congrès scientifiques* de cette année.

(3) Sophonisbe (ou la Liberté), l'Ecossaise (Marie-Stuart), les

stoïcien, et son style a les qualités d'une telle âme. Très-souvent concis, ferme, plein de relief et d'énergie, Montchrétien serait un écrivain distingué, sans l'emphase déclamatoire et l'abus de l'érudition classique, défauts trop communs en son siècle. Mais, ayant abandonné la poésie dramatique vers sa vingt-sixième année, il n'avait pas donné la mesure de son talent. Composé à l'âge de quarante ans, son grand ouvrage d'économie politique, sans être exempt de tous les défauts de sa jeunesse, les présente bien amoindris et rachetés par de précieuses qualités, dues à la maturité de l'âge et à la culture soutenue de l'esprit.

Voici d'abord le titre exact de ce livre.

TRAICTÉ

DE

L'ŒCONOMIE

POLITIQVE

dédié

AV ROY

ET

A LA REYNE MERE

DV ROY

PAR ANTOYNE DE MONTCHRÉTIEN
SIEUR DE VATEVILLE

—

(Ici l'écusson de l'imprimeur.)
Un paysage semé de montagnes, de plaines, de
villes, éclairées par le soleil, avec cette devise
à l'entour : BEAT QVOS VVLT DEVS
(Ovale inscrit dans un carré orné de figures.)

—

A ROVEN
chez Iean OSMONT, dans la
Court du Palais.

—

1615

AVEC PRIVILEGE DV ROY.

—

Lacènes (ou la Constance), David, Aman, Hector, Suzanne. Tous ces sujets ont été repris par Corneille, Racine, Voltaire, Schiller, André Chénier.

L'ouvrage forme un volume petit in-4° de moyenne gros-
seur. Il commence par 6 feuillets non chiffrés qui com-
prennent le titre ci-dessus, le privilége royal en date du
12 août 1615; une dédicace (en caractères italiques) au
roi et à la reine-mère du roi, enfin le sommaire des matières
principales contenues dans le Traité, lequel est divisé en
quatre livres qui sont consacrés aux arts mécaniques, au
commerce, à la navigation, aux matières diverses (1).

Une première remarque est à faire sur le titre même, où
brille le nom d'Economie politique, alors si obscur et réservé à tant de retentissement. Dans le privilége le titre du
livre est autre : *Traicté économique du profit*, et dans le
texte, la double appellation d'*économie politique* ne se rencontre point. Inscrite seulement sur le titre, était-elle une tardive et soudaine inspiration, ou bien un emprunt à quelque
écrit du temps, dont Montchrétien aurait vite saisi le sens
juste et profond? Je ne sais. Toujours est-il qu'il faut arriver
aux physiocrates, c'est-à-dire attendre l'intervalle de près
d'un siècle et demi, pour trouver cette idée en ces deux mots
passée dans le langage courant, et ce n'est qu'en 1800 que pa-
raissent avec le même nom, le *Traité d'économie politique*,

(1) Le second livre, consacré au commerce, au lieu de venir le
deuxième en ordre, a été rejeté à la fin, avec une pagination spéciale,
de manière à former un second tome de 200 pages. Les trois autres
livres forment le premier tome, comprenant 402 pages, qu'il faut
réduire de 20, le chiffre 158 ayant par erreur succédé à 137. L'ouvrage contient donc en tout 582 pages chiffrées, et 12 non chiffrées.
   La bibliothèque Mazarine en possède un exemplaire, coté
14567. C'est à l'obligeance de ses conservateurs que je dois d'a-
voir pu en faire un examen prolongé. Le livre se trouve aussi à
la bibliothèque impériale.

par le vicomte de la Maillardère, et en 1801-2, le *Traité d'économie politique et de commerce des colonies*, par Page, l'un et l'autre éclipsés bientôt par la première édition du *Traité d'économie politique* de J.-B. Say, 1803 (1). Sous la plume d'Adam Smith la science, il est vrai, s'était déjà constituée sous un autre titre, à jamais célèbre : *La Richesse des nations*.

A Montchrétien, et par conséquent à la France, revient donc l'honneur d'avoir le premier gravé, au frontispice d'un livre, le vrai nom de la science économique et d'en avoir voulu composer le premier traité. N'eût-il pas inventé cette alliance intime de deux mots, elle n'était certainement pas commune (2). Dans le programme d'études que Richelieu dressait, vingt ans après, pour le collége de la ville du Poitou qui portait son nom, et qu'il voulait ériger en collége modèle, c'est l'*OEconomique* (3) et non l'*Economie politique* qui figure comme science à enseigner : peut-être du reste faut-il regretter que cette première dénomination, plus brève et plus simple, n'ait pas prévalu.

La composition de l'ouvrage et la distribution des matières répondent bien à l'ordre établi par le sommaire. A travers des développements, d'une prolixité souvent fatigante, sous forme de discours au roi et à la reine-mère, Montchrétien ne perd jamais de vue son plan : que son œuvre fût élaguée par une main discrète, elle paraîtrait ce qu'elle est en réalité, instructive, substantielle, méthodique.

(1) Voir *Dictionnaire de l'économie politique*, à ce mot.

(2) Voir *Dictionnaire de l'économie politique*, à ce mot ; et J. *Garnier*, en *Journal des Economistes*, liv. d'août-septembre 1852.

(3) Caillet, *Histoire de l'administration..... de Richelieu*, t. II.

Pour en rendre la lecture facile, il y faudrait introduire des divisions avec des titres et sous-titres, qui en rompraient l'insupportable uniformité. Dans l'état actuel de chacun des quatre livres, toute coupure manque, toute indication marginale, et l'on comprend ce qu'a de rebutant la lecture de quatre immenses chapitres, dont le moindre a cent pages in-4° d'un seul trait. A première vue on hésite devant cette épaisse forêt de lignes ; mais, si l'on a le courage d'y pénétrer, on est dédommagé de sa peine par la rencontre de nobles sentiments, d'idées justes, de faits curieux, de préceptes excellents, de patriotiques conseils, à peine erronés ou exagérés sur un seul point : tout cela est exposé avec une conviction souvent éloquente, toujours chaleureuse, en un style trop abondant il est vrai, et quelque peu désordonné, mais plein de verve et de traits. La lecture finie, on absout le titre de l'ouvrage et l'ambition de l'auteur.

Cette apparence, peu attrayante, explique sans les justifier, et le silence du xviiie siècle vis-à-vis de Montchrétien, qu'il paraît avoir ignoré, et les sommaires jugements qu'ont prononcés sur son œuvre les deux seuls économistes de notre époque qui en aient parlé, MM. Blanqui et Joseph Garnier.

D'après Blanqui (1) « cet ouvrage, aujourd'hui fort rare, « est divisé en trois livres qui traitent de la manufacture « et de l'emploi des hommes, du commerce et de la navi- « gation. Il ne présente d'autre intérêt que celui de résu- « mer les idées du temps sur ces graves matières. » C'est déjà un sérieux mérite que le tableau fidèle des idées d'une

(1) *Histoire de l'Economie politique*, tome II. (Bibliographie.)

époque dans une branche quelconque d'études. Mais le livre vaut mieux. Interprète fidèle, nous l'admettons, des idées pratiques les plus élevées de son temps, Montchrétien se les approprie, en fait la théorie, et les engage en des voies nouvelles. Il est un docteur du progrès économique et non un simple écho.

Dans le *Dictionnaire de l'Economie politique*, au mot *Montchrétien* (1), M. Joseph Garnier ne se montre pas plus juste : « Cet ouvrage, dit-il, est intéressant si l'on veut se « rendre compte des idées qu'un personnage pareil pou- « vait avoir, il y a deux siècles et demi, sur beaucoup de « sujets économiques qu'il effleure, plutôt qu'il ne les « traite, dans des discours pleins de fades compliments au « roi et à la reine-mère, de longueurs emphatiques et de « réflexions en général de médiocre valeur. »

A la vérité la fadeur des compliments et l'emphase pédan- tesque, défauts du temps, abondent dans le *Traité d'écono- mie politique*, et suffisent pour le déprécier; mais non avec un tel excès que l'ouvrage ne reste encore un monu- ment curieux et précieux des origines de la science écono- mique, ainsi que nous espérons l'établir dans les pages qui suivent.

Le plan de l'ouvrage ressort du programme que l'auteur propose à Louis XIII, et comprend le cadre presque entier de la science économique.

(1) Tome II, p. 227, éd. Guillaumin, 1854. Déjà, dans un article inséré au *Journal des Economistes*, juillet-août 1852, page 306, le même auteur avait dit : « Le livre présente un assemblage de réflexions diverses, très-emphatiques, très-peu scientifiques, émises sans ordre, et n'ayant en résumé qu'une médiocre valeur. »

« On peut réduire à trois moyens principaux la principale gloire de votre règne, et l'accroissement de la richesse de vos peuples. Au règlement et augmentation des artifices et manufactures qui maintenant sont en vogue parmi nous ou peuvent y être mises à l'avenir. A l'entretien de la Navigation, la quelle déchet à vue d'œil, combien que l'expérience et la raison du temps y dût faire entendre à bon escient plus que jamais. Au rétablissement du commerce qui s'en va périssant de jour en jour en ce royaume. »

De là trois livres, que complète une sorte de traité général, qui touche, entre autres points, à la milice, aux finances, aux récompenses, aux charges et magistratures.

En suivant l'ordre même de la composition, nous parlerons d'abord du premier livre, le plus important d'ailleurs, comme exposé de principes et de doctrine.

III. — Le livre des arts mécaniques.

Le sommaire établit ainsi la suite des matières traitées dans ce livre :

Des arts mécaniques, de leur ordre, de leur utilité ;

Du réglement des manufactures ;

De l'emploi des hommes ;

Des métiers plus nécessaires et profitables aux communautés ;

De l'entretien des bons esprits et du soin que le prince doit en prendre.

Dans son étude très-sérieuse de ces divers sujets, Montchrétien ne s'élève pas à ces hauteurs, d'où l'esprit, en possession d'une vue sereine et philosophique de l'ordre général, embrasse de son regard les divers royaumes de la terre, pour déduire de cette contemplation les lois naturelles qui président à leurs rapports. S'il eût atteint ces sommets, il serait le fondateur et non pas seulement l'un des précurseurs de la science. Mais l'humanité dans son ensemble, et même la république des sociétés chrétiennes, lui sont indifférentes, sinon étrangères. Il n'a de souci que pour son pays; son économie politique est celle de la France; et malgré ce caractère exclusif elle ne manque pas de portée générale, chaque nation pouvant s'en approprier les règles.

Trois idées dominent sa politique économique : 1° combien il est nécessaire d'employer les hommes ; 2° combien il est utile de leur attribuer l'exercice des arts; 3° combien il est important d'y défendre l'apport et l'usage des ouvrages étrangers (page 172).

Un patriotisme ardent, tel est le sentiment qui remplit l'âme de Montchrétien; il aime, il admire le sol et le climat de son pays et plus encore le génie de ses habitants; il est contristé de ses malheurs; il le voudrait prospère, riche, peuplé, puissant par-dessus tous les pays rivaux; mais cette grandeur — et ceci est son trait distinctif, ce qui fait de lui, au seuil du xvii° siècle, un penseur hardi et original, un vrai économiste — il ne la demande qu'au travail sous toutes ses formes les plus variées.

L'amour et l'admiration de la France éclatent à chaque page. Avec quel plaisir il en décrit les perfections (1), non sans les exagérer un peu !

« Vos Majestés possèdent un grand Etat, agréable en assiette, abondant en richesses, fleurissant en peuples, puis-

(1) Dans toutes les citations qui suivront, nous ne modifions que l'orthographe.

sant en bonnes et fortes villes, invincible en armes, triom-
phant en gloire. Son territoire est capable pour le nombre
infini de ses habitants ; sa fertilité, pour leur nourriture ; son
affluence de bétail pour leur vêtement. Pour l'entretien de
leur santé et le contentement de leur vie, ils ont la douceur
du ciel, la température de l'air, la bonté des eaux. Pour leur
défense et logement, des matériaux y sont propres et commodes à bâtir maisons et fortifier places... (Ici la poésie d'Eu-
ripide vient à son aide...) Si c'est un extrême contentement
à vos peuples de se voir nés et élevés en France, c'est-à-dire
au plus beau, au plus libre et plus heureux climat du monde,
votre gloire ne doit être moindre d'y tenir un empire que
l'on peut avec raison appeler l'incomparable. Car la France
seule se peut passer de tout ce qu'elle a de terres voisines,
et toutes les terres voisines nullement d'elle. Qui la consi-
dérera bien, c'est le plus complet corps de royaume que le
soleil puisse voir depuis son lever jusques à son coucher ;
dont les membres sont plus divers, et toutefois mieux se
rapportant, selon la symétrie requise à un bel Etat. En cha-
cune de ses provinces, sont ou se peuvent établir toutes
sortes d'artifices beaux et utiles. Lui seul se peut être tout
le monde. C'est bien un autre cas que de la vanterie ordinaire de la femme du grand roi des Perses, qui nommait une
province sa coiffure, l'autre sa robe, l'autre ses patins et
l'autre ses bracelets. La moindre de celles de la France
fournit bien d'autres choses à Vos Majestés : ses blés, ses
vins, son sel, ses toiles, ses laines, son fer, son huile, son
pastel la rendent plus riche que tous les Pérous du monde
C'est cela qui les transporte tous chez elle. Mais de ces
grandes richesses la plus grande, c'est l'inépuisable abondance de ses hommes (à) qui les saurait ménager : car ce sont
gentils esprits, actifs et pleins d'intelligence, de qualités de
feu, composés par une ingénieuse artificielle nature, capables
d'inventer et de faire (pages 32, 33). »

« Une seule chose te manque, ô grand Etat, c'est la connaissance de toi-même et l'usage de ta force (page 47)! »

J'ai cité tout ce passage, malgré son étendue, parce qu'il

donne une première et exacte idée du genre de l'auteur, pour son style comme pour ses sentiments; j'ose dire qu'elle est favorable à l'écrivain et au citoyen.

Mais qu'il y a loin de la réalité au bonheur que semblent promettre tant de dons naturels! Dès la troisième page de sa dédicace, après quelques vains hommages aux deux Majestés régnantes, Montchrétien leur dépeint avec sincérité le triste sort de leurs sujets...

« Combien que la France soit fertile et abondante en toutes sortes de biens et de commodités, plus que pays de la terre, la vie y est toutefois rendue aussi malaisée à plusieurs, comme s'ils habitaient dans les chaudes arènes de l'Afrique ou dans les glaces poignantes de la Scythie... Les hommes qu'on estime les plus heureux, y vivent en une noble misère. Les autres qui sont nés à la peine et au travail, si Vos Majestés n'y pourvoient, s'en vont seulement riches de pauvreté. »

Cette franchise reparaît si fréquemment qu'elle permet de prendre les compliments, excessifs en effet, que l'on a reprochés à Montchrétien, comme de simples précautions oratoires pour faire passer de rudes vérités.

Comment peut se changer une telle situation? Comment une nation peut-elle s'élever de la misère à la prospérité?

Dans la réponse à cette question consiste tout l'ouvrage de Montchrétien, où nous allons voir apparaître successivement, l'une après l'autre, en les détachant avec un peu plus d'ordre que n'a fait l'auteur, la plupart des lois économiques, qui renaîtront un siècle et demi plus tard, rajeunies par une langue et une méthode d'exposition plus scientifiques.

Le moyen capital consiste dans le bon emploi des forces

et des facultés des hommes, et de cet emploi il y a des règles qui constituent la bonne économie.

« Nul animal ne naît au monde plus imbécile (faible) que l'homme ; mais en peu d'ans on le rend capable de grands services. Qui peut s'accommoder bien à propos de cet instrument vivant, de cet outil mouvant, susceptible de toute discipline, capable de toute opération, se peut glorifier d'avoir atteint en sa maison le plus haut point de l'économie, et en l'État de la police. Les peuples septentrionaux s'en servent mieux et plus réglément que nous... Nous manquons en France quasi généralement tous de cette science (pag. 34-35). »

Depuis 1615, deux siècles et demi se sont écoulés, et cette science, quoique beaucoup plus avancée en théorie, n'est guère plus répandue ! Montchrétien en définit très-bien le caractère.

« Tout cela revient à ce point, qu'en l'État, aussi bien qu'en la famille, c'est un heur mêlé d'un grandissime profit, de ménager bien les hommes, selon leur propre et particulière inclination. Et sur la considération de ce rapport qu'ils ont ensemble... on peut fort à propos maintenir, contre l'opinion d'Aristote et de Xénophon, que l'on ne saurait diviser l'économie de la police, sans démembrer la partie principale de son tout ; et que la science d'acquérir des biens, qu'ils nomment ainsi, est commune aux républiques, aussi bien qu'aux familles. De ma part, je ne puis que je ne m'étonne, comme en leurs traités politiques, si diligemment écrits, ils ont oublié cette ménagerie publique, à quoi les nécessités et charges de l'État obligent d'avoir principalement égard (page 44). »

Ménagerie (1) publique, n'est-ce pas l'exacte traduction d'économie publique, et n'est-elle pas bien définie la science d'acquérir des biens ou de produire la richesse ? Montchré-

(1) Le mot était fort employé au commencement du XVIIe siècle ; c'est le titre du 13e chapitre du livre III de la *Sagesse*, de Charron.

tien avait déjà exprimé, avec plus de précision encore, l'analogie qu'il constate entre ces deux sphères d'activité productive, l'Etat et la famille.

« Les vacations (occupations) privées font la publique. La maison est premier que la cité ; la ville que la province, la province que le royaume. Ainsi l'art politique dépend médiatement de l'économique, et comme il en tient beaucoup de conformité, il doit pareillement emprunter son exemple. Car le bon gouvernement domestique, à le bien prendre, est un patron et modèle du public, soit que l'on regarde le droit commandement, soit la fidèle obéissance, liaison principale de l'un et de l'autre. Cette sérieuse considération doit décider Vos Majestés à soigner diligemment la partie populaire de votre Etat (pages 18-19). »

En notre temps la souveraineté populaire n'admet plus cette assimilation d'un roi qui gouverne des citoyens à un père qui gouverne sa famille ; mais au XVIIe siècle et bien longtemps après la foi monarchique était ainsi comprise ; et il reste admis, comme une vérité, que le bon ordre dans l'Etat peut emprunter beaucoup de règles au bon ordre dans un ménage.

D'après Montchrétien, la science économique, malgré son but final, qui est le profit par le travail, agit surtout sur l'âme et par l'âme humaine ; de son essence elle est morale, et comme nous dirions aujourd'hui spiritualiste. L'esprit est son organe :

« La science n'est point un tailleur d'images qui fait des statues mornes sans mouvement quelconque, pour poser dessus quelque soubassement. C'est plutôt une belle maîtresse qui veut rendre les cœurs des hommes qui l'aiment vifs et remuants après les belles choses ; leur imprimant des élans de bonne volonté, généreux et brusques, qui les incitent à l'honneur ; des jugements, qui les tirent à toutes choses profitables au public ; des intentions désireuses de toute honnêteté ; leur inspirant un haut courage, plein de naïve assurance et de sincère bonté, toujours aspirant à l'immortalité de la gloire qui naît des beaux ouvrages (page 47). »

Et ailleurs :

« L'homme est né pour vivre en continuel exercice et occupation. Quand je parle de l'homme, j'entends principalement cet esprit qui range tout le monde dans sa mémoire sans qu'il y tienne lieu, qui conjoint tous les temps passés en un sans succession, qui conçoit et embrasse toutes choses, et en quelque façon soi-même, qui observe les mutations ès-choses hautes, et les observe ès-choses basses, qui élève une poignée de terre par-dessus le ciel, et descend le ciel en la terre (pages 25-26).

« Je ne connois rien de plus grand au monde qu'un grand esprit ; rien ne lui est comparable. . Au reste, l'esprit n'est pas comme un vaisseau qui ait besoin d'être rempli seulement, ains plutôt d'être réchauffé par quelque matière qui lui engendre une émotion inventive et une affection ardente de découvrir la vérité en chaque chose (pages 160-161) (1). »

A côté de ces nobles passions qui trempent l'âme fortement, Montchrétien place, comme il convient à un économiste, l'action non moins puissante de l'intérêt personnel :

« Les plus habiles et qui ont mieux étudié le livre des affaires... ont reconnu que les nécessités diverses que chacun sentait en son particulier, ont été la première cause des communautés générales. Car la plus ordinaire liaison des

(1) La même pensée a été appliquée par Mme Necker de Saussure à l'éducation :

« L'ancienne éducation considérait l'esprit et le cœur de l'homme comme des vases à remplir, la nouvelle les considère comme des sources à faire jaillir. »

hommes, et leur plus fréquent assemblage, dépend du secours qu'ils s'entreprêtent et des offices mutuels qu'ils se rendent de main en main,... en telle sorte que chacun est plus porté de son profit particulier, comme d'un mouvement propre, et à part de cet autre mouvement général que lui donne sans qu'il s'en aperçoive quasi la nature, son premier mobile... Tant de tracas, tant de labeurs de tant d'hommes, n'ont point d'autre but qué le gain. A ce centre se réduit le cercle des affaires. La nécessité du mouvement cherche ce point (pages 54-55). »

Mais ce mobile n'est pas de son essence un étroit égoïsme ; il est le fruit de la prévoyance, et profite à la société, même dans l'avenir :

« Entre l'homme et la bête la nature a mis cette différence que la bête s'accommode seulement à ce qui est présent, simplement émue par l'objet des sens, n'ayant au reste qu'une fort petite souvenance du passé, et nulle prévoyance de l'avenir. Où l'homme, doué du discours de raison, désire connoître les causes, juge les conséquences, imagine les accidents, considère les progrès, compare les ressemblances, accouple le présent au futur, et tout d'une vue se représente le cours entier de sa vie, par sa prévoyance anticipe ses nécessités à venir, et pour y remédier s'excite au labeur, afin d'acquérir ce que son appréhension lui fait juger être pour le bien, non-seulement de lui, mais aussi de sa postérité (pages 53-54). »

Après avoir recueilli dans des pages éparses ces principes qui reviennent fréquemment sous la plume de Montchrétien, et animent toute sa doctrine d'un souffle généreux et élevé, nous allons suivre de plus près l'application qu'il en fait aux intérêts économiques.

Dès le début, il circonscrit nettement le cadre de son sujet :

« Votre Etat, dit-il à Louis XIII et à sa mère, est composé de trois principaux membres : l'Ecclésiastique, le Noble, le Populaire. Quant à celui de la Justice, je le tiens comme un ciment et un mastic, qui colle et unit les trois autres ensemble. Ce discours que je présente à Vos Majestés ne le touche point non plus que les deux premiers : ces parties sont délicates et requièrent votre propre main. Il concerne donc particulièrement le dernier, le plus négligeable en apparence, mais en effet fort considérable ; car c'est leur premier fondement (page 10). »

Ce cadre ainsi tracé, notre auteur n'en sort plus. Nous pouvons regretter qu'il ne se soit permis aucune excursion dans le domaine du Clergé, de la Noblesse et de la Justice, où son esprit vigoureux et hardi n'eût pas manqué de trouver matière à de profondes réflexions ; mais l'unité du *Traité de l'Economie politique* gagne à cette exclusion de la politique.

Le sujet déterminé, Montchrétien le divise :

« Ce tiers-ordre est composé de trois sortes d'hommes : Laboureurs, Artisans et Marchands... Imaginez-vous que ce sont les doigts d'une même main, que l'esprit de la nécessité publique fait diversement jouer, comme avecques un seul ressort... Parmi ces trois sortes d'hommes se pratiquent les arts effectifs, que l'on appelle vulgairement mécaniques, ayant plus d'égard aux mains qui les exercent qu'à leur propre dignité (pages 10-11). »

Ce relief de dignité attribué aux arts mécaniques n'est pas un mot jeté au hasard et comme en pensant. Dans le sentiment de Montchrétien, il exprime une conviction profonde, qui revient incessamment comme un appel à la justice, comme une protestation contre le dédain dont les classes privilégiées frappaient le travail manuel :

« Tous les arts sont autant de parcelles et de fragments de cette sagesse divine, que Dieu nous communique par le moyen de la raison (page 12).

« Par ces trois sortes d'hommes : Laboureurs, Artisans, Marchands, tout état est nourri, soutenu, entretenu. Par eux tout profit vient et se fait... Voilà comment est constituée l'économie naturelle (page 45).

« ... L'honneur nourrit les arts et les arts nourrissent les hommes. C'est de l'affection que leur portent les grands rois, princes et seigneurs, que coule et s'insinue en eux la sève qui les entretient en vigueur (page 47).

« ... Ainsi l'Art, qui n'est qu'une imitation de la nature, s'appliquant à manier plusieurs choses, qui sans lui reste-raient inutiles ou de peu d'usage, les façonne en maintes sortes, suivant l'intention de celui qui l'exerce, soit pour sa commodité, soit pour celle des autres (page 65).

« ... C'est l'utilité qui règle les rangs des arts (page 66).

« Les bons et fameux artisans sont grandement utiles à un pays, j'oserai dire, nécessaires, honorables (page 33).

« Que l'Etat ne puisse avoir rien de plus avantageux, que leur diverse industrie (des arts), rien de plus utile que leur diligente et différente pratique ; rien de plus agréable que leur variété ingénieuse ; rien de plus honorable que leur abon-dante multiplicité, je crois que personne n'en voudra douter (page 169)... Plusieurs choses vous obligent d'en prendre soin. Quand vous n'y prendriez d'autre plaisir que de les voir fleurir et fructifier, cela seroit toujours humain ; mais le besoin que tous lieux, tous hommes, tous temps, tous âges en ont, vous doit induire à les aimer, chérir et conserver soi-gneusement, car la raison le vous montre, la nécessité vous l'enseigne, et la nature même vous le prescrit (page 171). C'est avec ces liens qui ont âme, et sont capables des mu-tuelles fonctions, que les peuples sont conjoints (page 172). »

Des vues si hautes et si justes s'inspirent d'une estime réfléchie du travail : ce sentiment donne, si je puis dire, le ton au *Traité de l'Économie politique*. Non-seulement Montchrétien estime le travail ; mais il le célèbre avec en-thousiasme, et quand la prose ne suffit pas à son admi-ration, il recourt à la poésie. Et il apprécie le travail, premièrement à la façon de tous les anciens moralistes, comme un préservatif du vice, comme la source des vertus ; mais en outre il le dépeint, avec une précision et une verve inconnues avant lui, et qui n'ont peut-être pas été dépassées après lui, comme la seule source du bien-être individuel, de la richesse publique, de la puissance des États. Ceci étant une thèse capitale dans l'histoire de l'économie politique, et à vrai dire, le germe même d'où elle est sortie, l'Académie me permettra d'y insister, à l'honneur d'un écrivain français et du XVIIᵉ siècle, auxquels l'opinion générale n'a pas jusqu'à présent attribué le mérite de cette découverte scientifique :

« Chacun reçoit sa tâche en ce travail public de la vie auquel nous sommes sans exception nés et destinés ; un seul et même esprit opérant toutes choses en tous (page 15).

« L'homme est né pour vivre en continuel exercice et occupation... Qui veut tenir cet homme en oisiveté, outre qu'il ne s'en sert point à ce qu'il faut, et à ce de quoi il est capable, lui enseigne à mal faire ; l'employer immédiatement après l'action, c'est procurer son repos, c'est ménager son salut (pages 25-26).

« ... La vie contemplative à la vérité est la première et plus approchante de Dieu ; mais sans l'action elle demeure imparfaite, et possible, plus préjudiciable qu'utile au bien des républiques... Aussi l'action se mêlant quelquefois à la contemplation, apporte de très-grands biens à la société des hommes... Il ne faut pas douter que les occupations civiles estant empêchées, et comme endormies dans le sein de la contemplation, il faudrait nécessairement que la république tombât en ruine. Or, que l'action seule ne lui soit plus profitable que la contemplation sans l'action, la nécessité humaine le prouve assez ; et faut de là conclure, que si l'amour de la vérité désire la contemplation, l'union et le profit de notre société cherche et demande l'action. La loi très-parfaite de Dieu règle tout cela, obligeant non moins l'homme à l'observation de l'une que de l'autre ; mais en telle sorte toutefois qu'elle commande d'employer six jours au travail, et consacre le septième à la méditation des œuvres de Dieu et aux louanges de ses faits (page 27). »

Quelle critique pénétrante, et cependant prise à la vraie mesure, de la vie contemplative, opposée à la vie active ! En ces lignes se devine le voyageur qui a visité l'Angleterre et la Hollande, et se pressent peut-être le catholique disposé à déserter un jour la foi qui exalte la contemplation.

Sévère envers la vie contemplative, Montchrétien est inexorable envers l'oisiveté ; mais avant de la châtier, il veut qu'on essaie d'entraîner les oisifs au travail : à ce signe se reconnaît l'habileté d'un gouvernement :

« L'homme, plus entendu en fait de police, n'est pas celui qui par supplices rigoureux extermine brigands et voleurs. Mais celui qui par l'occupation qu'il donne à ceux qui sont commis à son gouvernement, empêche qu'il n'en soit point. Ce que l'on peut obtenir (en) dressant en chaque province de ce royaume plusieurs divers ateliers de diverses manufactures, selon qu'elles s'y trouveront commodes. Et cela sans doute fera faire de belles pépinières d'artisans, qui causent la plus grande richesse du pays. Et cela sans doute fera jeter à bas mille roues et mille potences, sans y employer les foudres de la justice, dont les spectacles ne sont pas moins horribles que nécessaires (pages 36-37). »

A ses yeux l'oisiveté est un délit punissable, dont la vraie peine est le travail obligé :

« Il y a plusieurs sortes de serfs ; mais ceux-là le sont plus naturellement, qui le sont volontairement, n'ayant aucune honte de mener une vie caimande et nécessiteuse d'autruy. Ce sont Français indignes de ce nom de liberté, et qu'avec toute justice et liberté on peut obliger au travail (page 37-38).

« Qui de vos hommes ne s'ennuie en cette langueur où la plupart sont réduits à faute d'exercice profitable? C'est un grand travail de ne rien faire. C'est bien à propos qu'on appelle l'oisiveté la sépulture d'un homme vivant. Toute vertu, quelle qu'elle soit, est active de nature, d'habitude et de résolution ; et tout labeur, quel qu'il soit, simplement considéré, peut servir d'acheminement à la perfection. Cléante tirant de l'eau, Epictète tournant la meule en fait la preuve ; Thalès vendant ses huiles, et Solon exerçant son trafic (page 53).

« La vie et le travail sont inséparablement conjoints (page 56).

« L'heur des hommes, pour en parler à notre mode, consiste principalement en la richesse, et la richesse au travail... L'industrie y tenant tel lieu, doit donc être leur premier vivant et leur dernier mourant... C'est une bonne fortune, quand tous les sujets ont des moyens suffisants à leurs nécessités, ou ne les ayant point peuvent les acquérir. C'est la plus sûre bride pour retenir le Typhée à plusieurs bras et plusieurs têtes, lequel quand il se fâche et ennuye de ne gagner rien, se remue, et en se remuant, excite quelquefois des tremblements de terre (page 121). »

L'heureuse influence du bien-être des peuples sur la paix publique n'a pas été toujours aussi sainement comprise, et Richelieu lui-même s'en méfiait !

Ce principe suprême de la nécessité naturelle, de l'utilité économique et de l'influence politique du travail, affirmé par Montchrétien avec un sincère enthousiasme, se présente, dans son Traité, complété par les principales règles que la science devait, un siècle et demi plus tard, formuler avec une précision et une clarté supérieures, comme étant les lois naturelles de l'économie. Telles sont entr'autres : la sociabilité naturelle de l'homme, la division du travail, la solidarité et la noblesse de tous les états, la nécessité de la concurrence, la moralité du gain, les services des machines, le rôle des métaux précieux, l'influence des débouchés sur les prix, etc.

Pour preuve de ces vérités plus qu'entrevues, nettement exprimées, dans le *Traité de l'Économie politique*, je fournirai quelques citations.

Réfutant d'avance les sophismes de Rousseau sur l'état de nature, Montchrétien établit que la société est le seul état naturel de l'homme, le seul où il puisse vivre et développer ses facultés par l'échange des services et des affections :

« L'Homère, duquel comme d'une source féconde coulèrent jadis tous les ruisseaux de la philosophie, a écrit en ces vers :

> Celui méchant et sans loi faut-il dire,
> Qui seul à part des hommes se retire,

« Comme si délaisser la vie civile et commune, était rompre et violer la loi naturelle, et mettre l'humanité à l'abandon... Si les hommes doivent prendre en ce point exemple des bêtes, voyons-nous pas celles qui vivent à part au fond des bois et des déserts, être ordinairement plus dommageables que profitables? Et celles qui vivent par troupeaux en nos campagnes extrêmement utiles! En la communauté des hommes, la civilité s'apprend, le désir de faire plaisir pour en recevoir s'allume, et ne plus ne moins qu'ès-corps des animaux, toutes les parties vivent, se nourrissent, prennent esprit et mouvement, par la liaison qu'elles ont entr'elles, de même façon les hommes se maintiennent en leur société, unis et joints qu'ils sont par une chaîne d'affection commune, et par ce nœud gordien de respect au bien public, dont la dissolution ne se peut faire que par l'espée (pages 28-29). »

La société humaine n'est pas une confuse communauté : elle repose sur une variété bien assortie des professions

3

dérivant de la division nécessaire du travail collectif entre les hommes :

« De l'imbécillité (faiblesse) qui se trouve entre les hommes, dont un seul n'est capable de fournir à toutes les nécessités, je ne dirai pas de plusieurs, mais de soi-même, est procédée cette multiplicité d'arts, desquels vient non l'ornement sans plus, mais la richesse et l'exercice ordinaire de ces familles, que nous avons dit faire le troisième membre de l'État : le démon de l'industrie opérant tous les jours, diversement en elles, et par leur main qu'elle conduit, les choses utiles acquérant l'usage, les agréables l'attrait, les magnifiques la grandeur (pages 17-18). »

Plus loin cette règle de la division du travail est justifiée par les mêmes raisons que les maîtres de la science devaient plus tard développer amplement, sans rien ajouter d'essentiel à ce qu'en dit Montchrétien :

« En ce travail public divisé en tant d'arts et de métiers, on doit principalement faire observer une chose à vos sujets, de ne le mélanger et diversifier point tant en une seule main. Les Allemands et les Flamands sont plus imitables, qui ne s'emploient volontiers qu'à une besogne. Ainsi s'en acquittent-ils mieux : où nos Français voulant tout faire sont contraints de faire mal. Cela leur est un grand empêchement et divertissement du droit chemin, qui mène à la perfection d'une chose singulière (unique). L'esprit se fait moindre, en s'appliquant avec attention à divers sujets, et ne peut avoir le temps ni la force de trouver en ce qu'il cherche, ce qu'il y a de bon, quand il est détourbé par nécessité ou curiosité (pages 51-52). »

De cette tendance chez les Français à disséminer leurs efforts sur plusieurs tâches, Montchrétien accuse « l'in- « constance de notre inclination au changement » ce qui touche de très-près à la vraie cause, laquelle est la variété et la souplesse des aptitudes du génie français, se plaisant en des occupations diverses.

Si diverses que soient les professions, elles sont toutes solidaires et dignes d'honneur :

« Que l'on considère les arts libéraux et mécaniques où principalement sa lumière (de la nature) éclate en tant de rayons, on les trouvera tellement nécessaires, utiles et plaisants, que celui auquel on regardera le plus semblera le plus préférable ; et puis, descendant comme par degrés de l'un à l'autre, on jugera que difficilement pourrait-on se passer d'aucun ; et que tous ensemble font cette merveilleuse chaîne d'or à plusieurs anneaux entrelacés, qui remue et attire à soi toutes les choses d'ici-bas, aussi bien que celle que le poète Homère mettait ès-mains de son Jupiter (pages 18-19). »

Anneaux d'une chaîne d'or, quels états, quels travaux paraîtraient indignes d'attention ? Aucun, déclare Montchrétien :

« La bonne administration est une santé universelle de tout le corps de l'Etat, et par conséquent une entière disposition de chaque membre particulier. Car il n'importe pas moins d'avoir soin des plus viles parties que des plus nobles, des cachées que des découvertes ; puisqu'il est ainsi que de celles qui sont destinées à servir les autres, sortent les labeurs plus nécessaires à son entretien et conservation (page 19). »

En ces lignes, voilà la justice et la fraternité fondées sur la science des intérêts ! Pour atteindre la perfection, il y faut de plus l'émulation et la concurrence. Les mots et les idées sont dans le *Traité* de Montchrétien :

« L'émulation est en toutes choses un grand aiguillon à bien faire. Par elle les hommes peuvent monter à la perfection de tous les arts. Il n'y a pas de plus court moyen pour faire bientôt gagner le haut comble à ceux qui les exercent, que de les commettre en concurrence d'industrie comme en la poudre (l'arène) d'une lutte d'honneur et de prix. Cela les oblige à prendre garde à soi de plus près, à considérer circonspectement tout ce qui peut servir à faciliter leur art, et ordonner mieux leur travail (page 51). »

Et par une réminiscence de sa jeunesse, il prend pour exemple les spectacles dramatiques :

« Considérons comme ès-théâtres même nos chanteurs et comédiens demeurent tous languissants, nonchalants, et peu délibérés de montrer ce qu'ils savent, quand ils jouent seuls en une ville. Mais s'il y vient quelqu'autre compagnie, alors par une contention à l'envi à qui gagnera le prix, ils font tout leur effort pour bien faire, et ne se préparent pas seulement, mais leurs échafauds et leurs instruments même, avec tout le soin et la diversité qu'ils y peuvent apporter (page 51). »

La même doctrine reparaît ailleurs, spécialement appliquée à la concurrence intérieure :

« Alors tout à l'aise pourrez-vous introduire, pour plus grande utilité, entre les vôtres même, cette émulation et envie de bien faire, sans laquelle l'action demeure toujours lâche et molle, ni plus ni moins qu'un vaisseau branlant en mer, quand le vent vient à défaillir. Les législateurs l'ont bien entendu, mêlant en l'établissement de leurs polices, des jalousies des citoyens... Mais aussi ès-arts, cette ardeur affectionnée de vaincre et surpasser est invincible et inimitable, ajoutant comme un vif et poignant aiguillon au désir d'emporter le prix (page 166). »

Passion excitée, énergie trempée, travail amélioré, toute la concurrence est dans cette page avec autant de solidité que d'agrément.

La concurrence visée au gain, qui est profitable à la société comme aux particuliers :

« Si le soin de gagner n'est point par nature, on peut dire qu'il procède en quelque sorte de la raison, laquelle nous imprime cette affection, afin de nous induire avec plus de charme et d'attrait à nous pouvoir rendre utiles les uns aux autres, et jette quand et quand en nos cœurs la première semence de cette charité, qui ne nous commande pas seulement de nourrir, mais de vêtir les pauvres. Aussi avons-nous pris naissance avec un désir d'aimer et de secourir nos semblables, et si faisons autrement nous dégénérons (pages 90-91). »

L'alliance, toujours opportune, de la charité sociale avec le profit individuel ne saurait être plus délicatement indiquée.

Quelques thèses plus techniques et d'un aspect plus moderne, ne sont pas abordées avec moins de bonheur, mais plus incidemment ; celles des machines, des métaux précieux, de la valeur, des prix, des débouchés.

Après avoir signalé les fâcheuses conditions où se trouvent les artisans français, Montchrétien ajoute :

« A joindre qu'il n'y a personne fourni d'esprit et garni de moyens, qui se soit mis parmi nous à se servir des engins, par lesquels ces ouvrages (faux et faucilles) sont facilement avancés et menés à bout (page 78). »

Aux Français, il cite les Hollandais :

« D'autant que par engins et outils d'invention mécanique, ils soulagent infiniment le labeur des hommes, et par conséquent diminuent les frais de la besogne. Ce qui leur permet, plutôt que la grande abondance, ou que la diligence des artisans, de nous donner les marchandises à si petit prix (page 167). »

Accélération du travail, allègement du labeur des hommes, diminution des frais, abaissement des prix, n'est-ce pas dans son essence l'action économique des machines ?

Le rôle des métaux précieux est aussi bien tracé, ni trop humble, ni trop dominant.

« L'or et l'argent sont comme les grands ressorts qui font jouer tous les autres, et à qui tous les autres aboutissent (page 15).

« L'or est plus estimé pour le prix ; mais le fer le doit être davantage pour l'usage (page 81). »

Cette préférence donnée au fer sur l'or, on ne la croyait possible qu'en notre temps ; le fabricant de coutellerie de l'Orléanais l'avait comprise au commencement du XVIIᵉ siècle !

Mais il n'a garde de méconnaître la nécessité de la monnaie métallique pour les échanges :

« Autrefois notre France, sans se travailler tant après l'amas des richesses étrangères, vivait heureuse et contente, mais autrefois. Maintenant puisque les mœurs sont changées, il faut déployer tous artifices (industries) pour y faire venir l'argent (page 168). »

Cet argent, la France l'obtiendra en retour de ses produits.

« C'est chose connue et confessée de tous qu'il n'est pas plus naturel à l'ambre d'attirer le fétu, à la calamite d'attirer le fer, que propre à la France de faire venir en son giron l'argent de toutes parts ; mais principalement d'Espagne. Nos minières sont plus naturelles, plus sûres et plus abondantes que les siennes. Les siennes nous font hommage et tribut annuel (pages 172-173). »

Ces minières, ce sont nos champs et nos ateliers !

Avec une égale justesse il explique comment les débouchés assurés excitent la production qui en devenant plus abondante, abaisse les prix.

« La nécessité des choses en fait le travail, et l'usage en produit l'abondance (page 90). »

« Il sera facile d'en diminuer le prix (des ouvrages en fer) par l'assurance de la descharge (vente), laquelle en matière de manufacture est seule et principalement considérable (à considérer). Rien ne cause tant la vileté que l'abondance ; l'abondance provient du labeur de plusieurs ; et le labeur de plusieurs ne peut manquer ès-choses qui sont de bonne vente (page 77). »

Pour les thèses générales et abstraites de l'économie politique, je m'en tiendrai à ces citations qui suffisent à montrer, avec quelle sagacité, pénétrante et lumineuse, Montchrétien les a conçues. Il n'est pas moins correct dans les applications de la science aux arts mécaniques, c'est-à-dire d'abord à l'agriculture et à la manufacture qui sont l'objet du premier livre de son *Traité*.

C'est avec une éloquence bien sentie qu'il parle de

« Cette laborieuse agriculture qui continuellement lutte contre la stérilité de la terre, et la force, en lui bienfaisant, de rendre quelque récompense à tant de labeurs et de payer l'usure de tant de prêts (page 56). »

Dans le labourage associé au bétail, il voit le commencement de toutes facultés et richesses, mais non, comme Sully avant lui, comme Quesnay après lui, toute faculté et toute richesse. — Il recommande à Louis XIII et à sa mère de prendre un soin très-particulier des laboureurs.

« C'est par eux que vous soudoyez vos armées, que vous payez vos garnisons, que vous munissez vos places, que vous remplissez votre épargne. C'est par eux que votre noblesse vit, et que vos villes sont nourries... de sorte que vous-même avez besoin de leur aide aussi bien que vos subjects, lesquels tous ensemble, je n'en doute pas, parlant par la bouche de vos trois Etats assemblés, intercéderont très-humblement envers Vos Majestés pour leurs nourriciers ; et en obtiendront la satisfaction et le contentement que méritent tant de labeurs pris pour le public, trempés de sueurs et bien souvent de larmes » (page 3)... « Et quelles gens doivent être estimées davantage que ceux qui tendent le col au joug, et l'ayant reçu le portent doucement? Pour conclusion quiconque est appelé au gouvernement des peuples doit les aimer pour en être aimé (page 64). »

A en juger d'après les amères doléances de Montchrétien, dans les premières années de la régence de Marie de Médicis, les larmes et la misère avaient bien vite succédé aux trop courtes félicités du règne de Henri IV. C'est à cette époque qu'il faut rapporter un redoublement dans l'émigration des seigneurs vers la Cour, et l'entraînement des bourgeois vers les charges publiques, « comme en une rade assurée à couvert des tempêtes et des orages (page 61) », ce double fléau qui depuis lors pèsera sur toute notre histoire : les ordres de Henri IV et les conseils de Sully n'avaient pu le conjurer, parce que les mœurs nouvelles trouvaient plus de complicité dans les lois et les institutions que d'obstacles dans les défenses du roi et de son ministre. Que pouvaient contre les plaisirs de la Cour et les priviléges attribués aux charges vénales quelques remontrances passagères? Montchrétien s'en indigne :

« Du temps de nos pères, les plus gens de bien, notre noblesse même, vivait toute aux champs, avec autant de contentement que de repos d'esprit. Depuis que les villes ont été fréquentées, la malice s'est accrue, l'oisiveté s'est formée, le luxe s'est nourri, la fainéantise a pris vogue. Entre nous maintenant, comme entre les Thespiens, c'est honte de manier la terre. Ceux qui le font sont estimés ignobles et vilains (page 61). Les propriétaires cessent de faire valoir leurs propres terres, maintenant commises à des fermiers, à des mercenaires ou à des valets, qui sont plus attentifs à les épuiser de valeur et de graisse qu'à les bien façonner et amender. De vrai, nos paysans ont beaucoup dégénéré, et chaque jour deviennent pires ; nos terres pareillement s'en ressentent, mais c'est notre faute. Elles nous oublient, comme nous les avons oubliées. Elles nous méprisent, comme nous les avons méprisées. Elles sont fâchées de faire bien à ceux qui ne en font et font faire que le moins qu'ils peuvent. On les traite comme des esclaves, elles ne travaillent que par acquit. Qu'on n'en accuse point l'intempérature des saisons... La cause plus proche de leur infertilité, c'est la pauvreté des laboureurs. Combien peu il y en a qui les possèdent en propre? et leur travail se faisant tout pour autrui, perdent-ils pas le soin et l'envie de le bien faire? Combien y en a-t-il qui n'en soient distraits par leurs procès et chicaneries? Et la terre cependant est-elle repurgée de ces mauvaises herbes qui étouffent les bonnes semences? Combien y en a-t-il dont les harnais (le bétail) meurent de faim, et qui sont eux-mêmes mal nourris? Et comment pourront-ils s'employer fortement, et fouler sur les manchons de la charrue? Tous ces manquements se reconnoissent depuis plusieurs années, et se feront mieux sentir à l'avenir, si Vos Majestés par leur bonté n'y donnent ordre (pages 62-63). »

Le tableau est sombre, et quelques traits sont un peu forcés peut-être, mais le fond n'en est que trop vrai : on sait quel empire obtinrent les favoris, sous la reine-régente, quel fut le gaspillage des finances et quelles inquiétudes s'emparèrent des esprits : comme toujours le peuple des campagnes dut pâtir des délires et des fautes de la royauté.

Témoin et peintre de la misère des laboureurs, Mont-chrétien pose les vrais principes de la prospérité agricole :

« La richesse d'un Etat ne dépend pas simplement de sa large étendue, ni de l'abondance de ses peuples, mais de n'y laisser nulle terre vague, et de disposer avecque jugement chacun à son office (page 42.) »

Il consacre seulement quelques pages à la culture des terres, domaine de l'agriculture et de l'économie rurale, mais il traite plus amplement, — et nous y reviendrons avec lui, — de l'art d'appliquer avec jugement chaque homme à la fonction qui lui convient, ce qui est à ses yeux le principal objet de l'économie publique.

De l'agriculture Montchrétien passe à la manufacture que, par une traduction littérale du latin, il appelle souvent l'*Artifice*, synonyme pour lui d'arts mécaniques. Ici, l'auteur se sentant à l'aise sur un terrain qu'il connaît bien, se livre à des développements du plus haut intérêt pour l'histoire du travail, mais dont nous ne devons extraire que les idées générales, qui relèvent de la science économique plutôt que de la pratique industrielle :

« A la tête des arts utiles et honnêtes doit prendre rang celui de la forge, sans lequel les autres ne se peuvent employer ; qui les contient tous en puissance, et les réduit tous en acte.

Emporté par son enthousiasme de fabricant, de maître de forge, dirions-nous volontiers, il le proclame

« L'art des arts, le commun élément de leurs éléments, la main de toutes les mains qui travaillent, le premier instrument de l'invention,... un art si grand, si universel, si nécessaire à tous les peuples, si chéri des barbares, si recherché des sauvages (pages 70-71). »

Il montre la forge aussi nécessaire à la guerre qu'à la paix, à la science et à la justice même qu'au labourage et aux divers métiers. Sauf en notre temps, l'utilité du fer et de l'acier a rarement été mieux appréciée. Ce brillant panégyrique conclut au devoir pour la royauté de ne plus permettre que les labeurs de ses sujets soient étouffés par ceux des étrangers :

« Afin que désormais ils ne vivent pas seulement, ce qu'ils font à peine ; mais qu'ils vivent en faisant profit de leur travail (page 73). »

Conclusion qui revient pour toutes les autres industries.

Après la forge, Montchrétien passe en revue les industries du vêtement, qui ramènent sous sa plume la plupart des questions économiques qu'il n'a point traitées. C'est un flot jaillissant de traits piquants, de vives satires, d'observations ingénieuses. Sur le luxe en général, il parle comme Sully, mais sur chaque fabrique en particulier il conclut comme Henri IV, avec une indulgence éclairée, et sans réclamer de lois somptuaires qu'au regard des marchandises étrangères :

« C'est en ce sujet principalement que naît, croît et règne le luxe, avorton de la fausse gloire, auquel jamais rien ne coûte trop, et duquel procèdent ces dépenses excessives qui causent ordinairement la ruine des meilleures maisons, et la pauvreté des plus illustres familles. A cause de lui ces mots de reproche : un tel porte un bois, un moulin, une prée sur son dos (page 82). Si l'on continue ainsi, il ne sera plus question désormais d'être, mais de paraître. Qui plus reluira sera de meilleur or. Mais gare de la touche (page 83) ! »

A propos de la chapellerie, il se plaint des fraudes dans le poids et la qualité des laines étrangères, qui servent de matières premières, et en demande l'inspection à l'entrée, par imitation du règlement pratiqué à Lyon, où les chapeliers ont obtenu, dit-il, que les laines fussent lavées et nettoyées avant d'être mises en vente (page 85).

Le tissage des toiles lui donne sujet de plaintes contre les Flamands qu'il accuse de « marquer leur marchandise de la marque de nos douanes » pour en mieux procurer la vente au dehors (page 87).

La draperie de laine lui inspire d'autres doléances :

• Les étrangers à notre vu et à notre su, vendent leurs

marchandises vicieuses et mal conditionnées pour la plupart
dans les magasins et halles publiques ; et la française, bonne
et loyale, est condamnée à garder la boutique (page 92) ! »

« C'est un appât de notre curiosité. Nous avons opinion
d'être mieux habillés quand nous le sommes plus chère-
ment (page 97.)»

Pour la draperie de soie, il se sent plein d'une ten-
dresse qu'il ne dissimule pas :

« La pudeur, fidèle garde des vertus, reluit aussi bien
sous la soie que sous le bureau (bure). L'habit mesquin et
sordide montre je ne sais quoi de vilenie (page 97). »

Aussi recommande-t-il que l'extension de la culture des
sères (mûriers) et de la fabrique des velours, satins et
taffetas, bas de soie, soit conduite avec assez de persévérance pour suffire aux besoins du pays.

La teinture des étoffes, l'art du tailleur, la tannerie ont
leur tour, et des réflexions analogues reparaissent : les français possèdent toutes les conditions de supériorité, et cependant ils se laissent envahir par l'étranger ! Il s'en désole.

Au sujet de l'architecture, comme de la soie, il incline
à l'admiration. Gentilhomme industriel, qui a vécu auprès
des parlements et des cours, il n'a point, vis-à-vis des beaux
bâtiments, l'humeur chagrine d'un censeur rustique.

« Notre excès est grand en tout ; et nous serait un grand
heur qu'il fût ramené à la modération. Maintenant, aussi
bien que jadis on fesait à certain peuple, on peut nous re-
procher que nous bâtissons, comme si nous ne devions
jamais mourir, et banquetons comme si nous devions mourir
dès demain. A la vérité le dernier est le fait d'un pourceau :
mais le premier sent son homme. Car sans doute ces pays
ne sauraient avoir de plus beaux et durables ornements, que
les superbes logis. A joindre, qu'en outre le contentement qu'ils
apportent à ceux qui les font faire, plusieurs pauvres gens y

sont employés, au soulagement du peuple (pages 109-110).»

Paris avait été embelli par Henri IV : avec quelle admiration Montchrétien en parle !

« C'est bien la vérité qu'il ne se trouve nation au monde de plus vif esprit que la françoise, mieux née aux armes, aux lettres, à la marchandise, aux artifices (industrie). Vos Majestés le peuvent assez remarquer tous les jours en passant par les rues de votre grande ville de Paris, qui n'est pas une cité, mais une nation, comme disoit Aristote de Babylone, et pour enchérir par dessus son dire autant que la vérité le permet, qui n'est pas une nation, mais un monde (page 46). »

C'est à la vue de Paris sans doute que Montchrétien s'écriait :

« Pour les matériaux des édifices... et pour les hommes... je crois qu'il n'y a pays au monde qui en soit mieux fourni que la France. On le connoît tous les jours de plus en plus à ces grands bâtiments qui s'entreprennent et parachèvent en si peu de temps que la nature même s'étonne de la promptitude et adresse de l'artifice (page 109). »

Quand il arrive à l'imprimerie, son langage s'élève avec son admiration :

« Parlant à Vos Majestés des principales manufactures de la France, je me déclarerais ennemi juré des sacrées muses, si je passais sous silence le noble art de l'imprimerie, par lequel sont produits en lumière et consacrés à l'éternité des siècles les labeurs de tant de doctes hommes ; par lequel nous sommes instruits de nos devoirs; par lequel Dieu se communique à nous et nous à lui ; par lequel nous est donnée la connoissance des choses divines et humaines ; par lequel nous conversons familièrement avec tous les plus grands hommes de tous les âges ; par lequel nous sommes loués à l'avenir, si nous faisons choses dignes de louange et par lequel vous-même devez espérer d'être immortels. »

Bien qu'un peu trop longue, la période n'est pas décla-

matoire : chaque trait porte. Montchrétien parle du reste
des livres avec transport :

« En eux, comme en un miroir, l'esprit contemple les beaux
traits et linéamens de leurs auteurs, admire leur perfection,
en devient éperdûment amoureux, et de fois à autre leur
donne quelques baisers dans son cabinet, desquels comme
d'uue flamme secrète qu'il attire, il s'embrase en l'affection
de la vertu, de l'honneur et de la gloire. »

En ces lignes éclate mieux que la passion d'un biblio-
phile : elles peignent avec naïveté l'ivresse d'une âme,
heureuse de s'inspirer à tout moment de la science et la
sagesse des plus beaux génies de l'humanité.

Tout auteur qu'il soit d'un livre, Montchrétien se prononce contre les longs priviléges :

« Il semble raisonnable que, pour l'avenir, il ne se con-
cédât plus aucun privilége sur premières copies, à plus
long temps que quatre ou six ans, afin que le terme expiré
l'impression en étant libre à tous, tous communiquassent au
profit qui en peut revenir. Car si le livre est bon, celui qui
l'a premièrement fait, a prou gagné ; et s'il est mauvais, il
n'est pas à supposer qu'aucun le veuille remettre sur presse.
(page 113). »

Montchrétien ne prévoyait pas sans doute qu'il ferait
par lui-même l'expérience, qu'un bon livre peut bien ne pas
suffire, en quatre ou six ans, à la récompense et à la gloire
de son auteur. Mais si l'économiste est en faute, l'homme
aux sentiments généreux obtient l'estime pour sa libéralité
envers le public, aux dépens même de l'écrivain.

Il traite encore des fabricants de papiers qui s'appelaient
cartiers, ainsi que des verriers, et arrive enfin à la conclusion qu'il doit tirer de ce long exposé des manufactures,
et qui est le but même de tout son traité.

A tout prix, par tous les moyens, sous toutes les formes, il faut que l'homme travaille. C'est son devoir, son intérêt, sa destinée ; c'est le salut de la société, c'est la puissance de l'État. Ce travail, ayant pour théâtre obligé le royaume dont chacun est sujet, doit mettre en activité les aptitudes naturelles tant des hommes que du sol. Plus le pays pourra se suffire, plus fort, plus riche et plus heureux il sera. Ce beau et patriotique succès ne peut s'obtenir que par deux moyens : le premier consiste dans l'éducation, dans des leçons et des exemples qui apprennent aux hommes à tirer parti de toutes les ressources qu'ils ont sous la main ; le second consiste dans l'exclusion de la concurrence étrangère.

Ces deux moyens s'entremêlent sans cesse sous la plume de Montchrétien, et comme leur valeur est très-inégale, une telle confusion compromet un peu l'autorité de tous ses conseils. Pour les apprécier à leur vraie valeur, il faut donc les séparer, et les présenter distincts.

La nécessité, l'utilité, l'excellence du travail qui emploie les hommes et utilise les choses, le *Traité de l'Économie politique* les vante en termes irréprochables, et les érige en préceptes, par lesquels il devance notre siècle :

« ... De cela s'ensuit que le plus grand trait que l'on puisse pratiquer en l'Etat, c'est de ne souffrir qu'il en demeure aucune partie oisive, et par conséquent que c'est un soin aussi utile qu'honorable, de faire polir avec industrie et jugement les facultés naturelles des hommes qui y vivent ; les rendre convenables par ensemble, et profitables à l'entretien et conservation du corps universel, dont ils sont membres animés, y faisant éclater en haut et en bas l'action (page 29). »

Ce soin d'occuper les hommes manque en France :

« ... A voir la France regorgeante d'hommes, on jugeroit qu'elle en est foulée et accablée ; ce n'est, pour le dire en un mot, que faute d'ordre, et son plus grand bien, par l'ignorance ou négligence de les employer, devient son plus grand mal (page 33). ·

« ... De là vient que la plupart de nos hommes sont contraints d'aller chercher ailleurs lieu d'emploi et de travail ; qui en Espagne, qui en Angleterre, qui en Allemagne, qui en Flandre. Combien d'autres au reste rôdent parmi nous valides, robustes de corps, en pleine fleur d'âge et de santé, vagants nuit et jour deçà delà, sans profession ni demeure aucune déterminée, chacun le voit tous les jours avec étonnement. Les carrefours des villes, les grands chemins en fourmillent, et leur importunité tire hors des mains de la charité, ce qu'elle n'avoit accoutumé d'octroyer qu'à une vieille, foible et percluse indigence (page 35). »

Ému de ce douloureux spectacle, l'économiste homme d'État appelle la rigueur de la loi sur ces fainéaus, mendiants et vagabonds :

« Ce sont Français indignes de ce nom de liberté, et qu'avec toute justice et équité naturelle, on peut obliger au travail. Ainsi se provignera l'industrie en un grand nombre d'hommes qui languissent inutiles. Ainsi se déchargera le public, et il prouvera qu'il n'est point de si petit art, qui ne donne la nourriture et le vêtement à son homme. Ainsi s'augmentera le commerce (page 38). »

Montchrétien n'a garde pourtant de proposer l'oisiveté dans la prison comme châtiment du vagabondage oisif dans les rues. Mais c'est sur les âmes surtout qu'il faut agir par l'enseignement et par l'exemple ; et il justifie cette vue par des considérations qui semblent un souffle précurseur de la philosophie de Descartes et de Leibnitz :

« Comme le feu s'allume à la rencontre d'un corps combustible, l'affection que nous avons naturellement d'apprendre et de savoir, s'échauffe et s'enflamme à la recherche des arts, ainsi qu'à son propre et naturel objet. La nature donnant à l'homme cette belle partie de l'entendement qui l'élève non-seulement par-dessus les bêtes, mais par-dessus l'homme, mais par-dessus tous les éléments, et les cieux même, a voulu qu'il fût comme une table rase, où il pût imprimer sans confusion toutes sortes d'images spirituelles... (page 25). »

Mais l'entendement préexiste à la sensation :

« Nous avons naturellement les facultés des choses qui naissent avec nous, et desquelles nous nous servons par après. Ce qui apparaît aux sens ; car nous ne tirons pas les sentiments de l'entendement ou du voir pour avoir vu et entendu plusieurs choses ; mais la faculté de voir et d'entendre nous ayant été donnée, nous les appliquerons selon les occasions, c'est-à-dire que nous en sommes doués avant de les mettre en usage. Par conséquent qui nous oblige à nous en servir, nous fait plus de bien (page 30-31). »

On voit de quelles hautes et pures sources spiritualistes dérive toute l'économie politique de Montchrétien : l'essor à donner aux facultés humaines. Ces facultés doivent être employées suivant leur pente naturelle :

« Nous connoissons deux sortes de gens infortunés et malheureux, ceux qui ne vaquant à nulle profession, n'apportent aussi nul profit à la communauté des hommes ; et ceux qui faisant un métier répugnant à leur naturelle inclination, perdent en travaillant leur temps et leur peine... Les derniers méritent notre compassion... En l'Etat aussi bien qu'en la famille, c'est un heur mêlé d'un grandissime profit, de ménager bien les hommes selon leur propre et particulière inclination (page 43). »

Il faut arriver jusqu'à nos jours pour trouver, sur les lèvres de la science, ce respect des vocations naturelles et cette pitié pour les ouvriers livrés, par la fatalité du sort, a des métiers qui leur répugnent !

Une telle estime de l'intelligence dans le travail devait amener Montchrétien à réclamer l'instruction technique ou professionnelle : telle est bien en effet sa constante préoccupation :

« Entre les laboureurs, ce n'est pas celui qui a le plus de terres qui tire le plus de son labeur ; mais celui qui connoît mieux quelle est la qualité naturelle de chaque sien solage, quelle semence y est plus convenable et en quelle saison il lui faut donner des façons (page 42). »

Quoiqu'il soit sur la voie, il ne va pourtant pas jusqu'à la ferme-école ou modèle ; mais en revanche la manufacture-modèle est l'objet de ses vœux renouvelés :

« Vos Majestés permettront, s'il leur plait, que l'on dresse, de diverses provinces de la France, plusieurs ateliers des artifices qui sont plus nécessaires universellement partout, donnant la surintendance et conduite d'iceux, avec priviléges utiles et honorables, à des esprits capables et pleins de l'intelligence requise... Et de cet ordre bien établi naitra l'exquise science et l'excellente pratique des arts et métiers, au bien et utilité de vos sujets, à la recommandation de votre prudence, et à la gloire de cet Etat (page 52). »

A ces ateliers modèles s'offriront avec empressement les maîtres les plus capables, et ils y brilleront :

« Les bons et solides esprits, dont vous avez abondance en ce royaume, déploieront volontiers pour un tel sujet le plus exquis de leur science, le plus certain de leur expérience. Vous les verrez se venir ouvrir et produire devant Vos Majestés, à dessein d'acquérir de l'honneur, ou d'être employés, après avoir montré quelque échantillon de leur capacité (page 53). »

Montchrétien réclame surtout des forges-modèles. Pour

relever l'industrie du fer, qui s'en va périssant, il propose :

« De dresser un atelier en chaque province, le labeur duquel joint à celui qui se fait dans le pays, beaucoup plus légitime que celui de l'étranger, sera capable de la fournir utilement et même avec épargne (pages 76-77). »

Ici apparaît une seconde idée, celle de fabriquer, non concurremment, mais d'accord avec l'industrie privée, en vue surtout d'occuper les bras oisifs ; une sorte d'ateliers de charité productifs.

Notre auteur en espère les plus grands résultats, pour guérir la plaie économique et sociale que nous appelons aujourd'hui le paupérisme :

« Donnez-vous le contentement de voir chasser la paresse des boutiques à coups de marteau ; de voir le fer se transmuer en or entre les mains de vos hommes, au lieu que l'or de la France se transforme en fer par l'artifice des étrangers. Donnez-vous la gloire d'avoir les meilleurs artisans du monde, et les plus laborieux en tout ce qui dépend des armes de la guerre ou des instruments de la paix. Donnez-vous la gloire d'avoir chez vous de quoi défendre et de quoi assaillir, quand le courage et la raison vous obligeront à faire l'un ou l'autre (page 80). »

A l'appui de ses conseils il invoque l'exemple de la Hollande, dotée de colléges industriels, d'ateliers charitables, écoles de travail pour le peuple, comme remède au paupérisme :

« Personne n'y peut prétendre sa pauvreté d'aucune excuse : car il trouve plusieurs moyens de s'en délivrer, moyens bons et légitimes que Vos Majestés, touchées de l'utilité publique, doivent ouvrir et faire pratiquer en ce royaume ; comme pareillement il se fait, en toutes les principales villes de Suisse et d'Allemagne, où même il n'y a guère de bourgs, èsquels le seigneur du lieu n'entretienne quelque collége pour faire instruire ses pauvres sujets, tant aux arts libéraux qu'aux métiers mécaniques (page 124). »

Distingués par leurs succès de collége les meilleurs élèves sont dirigés vers les professions libérales et les fonctions publiques. Montchrétien recommande avec instances au roi de France d'imiter cet exemple :

« Afin que tant de beaux esprits ne desmeurent comme suffoqués en la foule populaire, et que l'avancement ne vienne plus aux hommes par hasard, mais par mérite. La vertu règnerait, dit-il, et ne serait plus hommagère et mouvante de la fortune (page 125). »

D'un sentiment plus hardi encore, et qui témoigne que la fortune ne lui a pas fait oublier sa naissance, il déclare que :

« Qui pourroit ou sauroit bien choisir les hommes, en trouveroit de bien nés dans les plus basses et plus infimes conditions (page 126). »

Il approuve l'éducation technique, même pour les enfants riches :

« Les plus grands seigneurs allemands encore à présent font apprendre quelque métier à leurs enfants... Ce que je ne , mets point ici pour exemple de devoir, mais pour montrer comme ils jugent que, survenant bannissement, servitude ou nécessité, ils peuvent tirer de là l'aide et soutien de leur vie (pages 22-23). »

Montchrétien rapporte le fait. Rousseau conclura.

Il est bien plus résolu, pour conseiller l'imitation d'orphelinats établis en Hollande, à l'usage des enfants pauvres des deux sexes :

« Ce que je dis d'un sexe, je le dis pareillement de l'autre; car tous deux sont nés à la société, et destinés à l'action. Aussi partagent-ils ensemble le soin et le labeur du ménage, principalement en France (page 126). »

Pour élever les enfants pauvres les Hollandais emploient deux façons:

« La première est de les ramasser et renfermer en des maisons publiques, les garçons à part et les filles à part ; y faire travailler les uns et les autres en toutes sortes de manufactures, draperie, filasse, toile, lingerie, etc... Les maisons sont appelées par les Hollandois écoles, et à bon droit, puisque l'on y apprend à vivre... Ceux qui sont mis là-dedans sont employés diversement, bien nourris et bien entretenus. A la distinction des autres, on les habille de deux couleurs, afin que venans à sortir par débauche ou autrement, ils soient reconnus et ramenés. On ne les tire point de là que pour les marier. Quand ils savent un art, on les mène voir les filles qui sont nées et gouvernées de même sorte, pour leur faire choisir femme ; puis en leur baillant quelque somme et quelque aménagement, on leur permet d'aller en liberté, travailler dans la ville, ou bien de demeurer en la maison où ils ont été nourris, élevez et instruits, pour continuer leur métier avec bons gages et salaires, lesquels ils reçoivent de la société qui les entretient. »

La providence sociale n'a jusqu'à ce jour rien imaginé de meilleur : peut-être même va-t-elle ici un peu loin !

La seconde méthode est une sorte de contrat par lequel un pauvre s'engage à travailler chez un artisan au rabais, mais avec autorisation de disposer d'une heure par jour pour aller quêter un repas dans la ville. Nous n'insistons pas, cette seconde méthode, que Montchrétien cependant déclare bonne comme l'autre, nous paraissant n'avoir pu être qu'un expédient fort restreint. Mais il faut remarquer comme le signe de l'esprit moderne, après ces vigoureux anathèmes contre l'oisiveté, la supériorité par lui proclamée avec tant d'énergie, du travail substitué à l'aumône, même à l'emprisonnement, pour les valides. Il avait dû cependant observer en Angleterre la taxe des pauvres consacrée par le statut d'Élisabeth ; son silence rapproché de la préférence qu'il donne au travail, en est la condamnation. Quant aux malades et aux infirmes, il est plein de compassion pour eux, et son langage est celui d'un économiste chrétien par conséquent charitable.

A la Hollande il envie encore une autre institution, déjà introduite en ce pays, d'où sans doute elle passa en Angleterre (1) ; celle des priviléges et brevets d'invention, en cette époque inconnus en France.

« ... Les Hollandois, à cause qu'en matière de grandes actions, il faut que la main publique aide à la particulière, sitôt que quelqu'un d'entre eux, reconnu pour homme de labeur et de jugement, veut faire la preuve et l'établissement d'une utile industrie, demandant pour cet effet aux Etats quelque place commode, il l'obtient, quand et quand, sans que la longueur le fasse tomber en langueur... Quand et quand il a les priviléges raisonnables pour s'assurer le fruit de son invention, et n'est jamais fraudé sous le gage de la foi publique. Aussi ne faut-il point s'étonner, si l'industrie fait là de plus grands progrès que parmi nous (pages 166-7). »

Jusque-là les doctrines de Montchrétien sont irréprochables, et il nous est permis d'en admirer la justesse si clairvoyante et l'expression si ferme, dès les débuts du règne de Louis XIII, en un temps où l'on n'est pas habitué à chercher l'origine de l'économie politique. Il nous reste à reconnaître en lui un des plus ardents défenseurs du travail national, un adepte de la prohibition des marchandises étrangères. Fils de la Normandie, élevé à Caen et à Rouen, témoin de l'Assemblée des Notables de cette ville en 1596 et 1597, peut-être de celle du commerce à Paris, en 1604, ayant vécu en Angleterre, alors qu'on y inventait

---

(1) C'est vers 1623 que l'on fait remonter les premiers statuts anglais concernant les droits des inventeurs (V. Renouard en *Dictionnaire d'économie politique*, v° *Brevet d'invention.*

le régime protecteur, industriel lui-même, il ne pouvait se soustraire à toute influence de son temps et de son pays. D'ailleurs, pour être juste envers lui-même comme envers le passé, il convient de considérer que l'état de guerre, et tout au moins d'hostilités plus ou moins ouvertes qui était, au début du xviiᵉ siècle, celui des nations de l'Europe, faisait à chaque État une loi de compter d'abord sur lui-même, sur ses forces, sur ses ressources plutôt que sur le commerce étranger qui pouvait être, au moindre incident, suspendu ou arrêté, bien plus facilement alors qu'aujourd'hui. Le patriotisme doit être vigilant, et on l'excuse d'être même un peu méfiant. Derrière quelques exagérations s'abritait d'ailleurs un principe qui n'a cessé d'être vrai, même de nos jours : c'est que l'homme d'État ne doit à aucun moment considérer le niveau atteint par l'économie industrielle d'un pays, comme la mesure du possible, et s'y résigner comme à la limite des prétentions permises. Le sol et le climat peuvent s'accommoder de plantes nouvelles et inconnues ; les facultés humaines peuvent apprendre avec profit des arts jusqu'alors réservés aux étrangers. Viser, sinon à se suffire, ce qui est impossible, mais à déployer toutes les forces latentes ; joindre aux dons innés et primitifs les conquêtes du travail quand elles ne font pas violence à la nature des hommes et des choses, ce but n'a rien que de légitime. La politique doit seulement ne pas acheter ces conquêtes au prix de l'oppression et de l'appauvrissement des branches, déjà florissantes, du travail national, de façon à faire payer à une classe de citoyens la prospérité des autres, et déplacer ainsi artificiellement les forces, les populations et les profits.

La foi profonde dans la puissance des facultés de son pays, telle est la fière conviction qui anime Montchrétien, et il en conclut le devoir de tirer, avant tout, parti de ses propres ressources. Cet autre argument, qui a plus tard joué un grand rôle, d'une préférence que les consommateurs devraient à certains producteurs, par la seule raison qu'ils sont des compatriotes, il n'y en a pas trace dans le *Traité de l'Économie politique*. De la balance du commerce à maintenir au profit de la France par une accumulation d'or et d'argent, il n'y en pas trace non plus. Il s'agit uniquement de forces à déployer, de talents à cultiver. Si Montchrétien réclame l'usage exclusif de certaines marchandises, c'est parce que les Français ont excellé de tout temps à les fabriquer; parce que les guerres civiles ont seules troublé le cours de la prospérité industrielle en ruinant le pays, en rejetant les plus habiles entre nos artisans chez les étrangers : c'est de nous-mêmes que les Anglais et les Flamands ont appris des métiers qu'ils ignoraient et où ils nous devancent aujourd'hui. En y reprenant pied, en rétablissant nos antiques supériorités, nous rentrons dans notre bien et notre coutume.

Qu'opposer à cet argument historique, qui s'appuie au surplus sur une théorie spécieuse, sinon tout à fait rationnelle?

« Toute société ne doit point emprunter d'ailleurs ce qui lui tient lieu de nécessaire; car ne le pouvant avoir qu'à la merci d'autrui, elle se rend faible d'autant... Il n'y a que la seule nécessité qui doive contraindre de prendre d'ailleurs ce que l'on n'a point. Cela que chacun prend sur soi, est proprement son propre, non ce qu'il a acquis ou emprunté d'autrui. Pour s'assortir de toutes commodités, on ne doit épargner aucun labeur ; et les rois, pères des peuples, leur doivent par soin et diligence, faire acquérir cette qualité que l'Homère attribuait aux dieux, d'être facilement vivants, ce qui ne se peut que par le moyen de l'exercice de tous arts utiles et honorables (page 66).

« ... Qui peut faire par soi-même doit-il faire par autrui ? Est-ce un bon ménager qui met la main à la bourse pour acheter ce qu'il peut cueillir de son propre fonds ? Qui pour faire valoir la terre d'autrui laisse la sienne en friche ? qui, ayant des bras, ne les peut trouver pour travailler, et s'en rapporte à son voisin ? Vos Majestés ont assez d'hommes en ce royaume, autant ou plus industrieux que les étrangers. Donnez-leur moyen de montrer ce qu'ils savent faire, et ils feront merveille. Ne laissez point éteindre le feu de la forge ; il est plus aisé de le conserver que de le rallumer s'il était mort (page 73).

« ... Faute de besogne à faire, l'artisan languit et meurt de faim ; trop grande quantité de besogne faite, l'empêche de gagner, et cela l'induit à chagrin, et bien souvent à désespoir. Tout considéré, il n'y a qu'un seul bon et légitime moyen de remédier à cet inconvénient, c'est que le pays fournisse le pays. Le corps a des membres pour faire les fonctions corporelles : les États ont des hommes pour leur service, et faut aussi les employer à cela (pages 136-137).

« ... C'est raison, c'est équité naturelle, chacun doit faire valoir sa propre terre ; chaque pays doit nourrir et entretenir ses hommes (page 158).

« ... Nous apprendrions à vivre, à faire vivre les nôtres, chacun le sien, n'est pas trop. Ce serait notre maxime (page 106).

On connaît maintenant les sentiments patriotiques de Montchrétien, et dans cette mesure la saine économie politique aurait à peine à les tempérer par une meilleure appréciation des services que les étrangers nous rendent, en certaines industries comme maitres et producteurs, en toutes les nôtres comme acheteurs.

Ces explications données, je redeviens simple historien des idées contenues dans le *Traité de l'Economie politique*, pour montrer surtout, par un petit nombre de citations, comment Montchrétien comprend et expose le système protecteur et prohibitif.

Il se plaint d'abord du sentiment instinctif qui porte les Français à trop de bienveillance envers l'étranger ; et sa plainte ne manque ni de vérité ni de grâce :

« Nous faisons ordinairement plus grand état des choses étrangères que des nôtres propres, et nous cherchons bien loin ce que nous avons bien près. Pour voir la femme de notre voisin belle à nos yeux, agréable à notre fantaisie, il ne faut pas tout soudain haïr et mépriser la nôtre. Il serait plus à propos de juger sans passion, si le fard étranger, si l'air nouveau d'un visage, si l'ornement non domestique ne suborne point notre vue, et n'apporte point d'illusion à notre jugement pour le corrompre, et s'avantager sur la beauté familière et naturelle que nous possédons. Car en ce cas vaudroit-il pas mieux y ajouter ce qui nous peut plaire, puisqu'il nous est possible, et prendre tout sujet de contentement en ce que nous avons à la main, que nous pouvons jouir sans coût, acquérir sans peine et conserver sans danger (pages 39-40). »

Langage aussi digne d'un bon mari que d'un bon citoyen ! Il continue son apologue en s'adressant à Louis XIII et à sa mère :

« Je désire faire entendre à Vos Majestés que la France, vos uniques amours et vos chères délices, est pleine de ces beaux-arts et mines utiles, dont les étrangers qui les pratiquent comme nous, voudroient bien, pour toujours nous tromper, s'approprier contre tout droit, la naïve et légitime industrie. Mais qui voudra, par un sain jugement, connoitre de ce fait, sans se laisser piper à l'opinion ni à l'apparence, trouvera qu'ils n'ont rien, je ne dirai pas de plus, mais de si parfait en leur main qu'en celle des vôtres. Tout ce qu'ils en empruntent, c'est à l'aventure un peu de lustre et de fard étranger, que nos hommes leur pourroient donner, s'ils ne le négligeaient point, doués qu'ils sont plus naturellement que tous autres, d'une singulière gentillesse et propriété. Il n'y a donc que ce mal, si c'est un mal, qu'ils ne peuvent être charlatans ni de la main ni de la parole ; qu'ils n'enchérissent point la juste valeur de l'essence des choses par une vaine superficie ; et qu'ils se montrent, en un mot, plus propres à bien faire qu'à s'en vanter. Ajoutons-y un vice, lequel est plutôt nôtre que leur. Que la plus grande part de nous ne sait pas reconnoître leur suffisance, et que de là ils viennent eux-mêmes à s'en fier (page 40). »

Dans ce sentiment de prédilection pour ses compatriotes, de méfiance quelque peu jalouse vis-à-vis des étrangers, il propose l'exclusion des marchandises suivantes : quincaillerie, et autres ouvrages en fer et acier, particulièrement les faux et faucilles (73-81) ; — la draperie (95) ; — les soieries, l'indigo, « prohibé de tout temps en France, « comme étant le fondement d'une teinture illégitime et « fausse, au lieu du pastel ! » — (voilà bien pris sur le fait l'égarement du patriotisme industriel !) ; les livres étrangers (114) ; — le papier (115). La liste ne comprend, comme on voit, que des produits fabriqués, et en moindre nombre du reste qu'ils ne l'ont été depuis.

Quant à la condition des étrangers, il n'y a rien d'excessif dans les vœux de l'auteur :

« On ne trouvera jamais raisonnable ni par le droit, ni par l'exemple, que les étrangers soient égaux en priviléges, et concurrents en tous avantages avec les citoyens. L'humaine société nous commande de bien faire à tous, mais à nos domestiques (compatriotes) sur tous. Nous aurions en ce point besoin d'un petit lopin de l'humeur anglaise (page 68). »

Ainsi demande-t-il des garanties contre la faillite et les fuites.

« Qu'ils aient un libre accès parmi nous, comme ils ont toujours eu plus qu'en lieu du monde ; mais à tout le moins que leurs négociations et faciendes soient limitées et circonstanciées (page 49).

« ... Vos Majestez y (en France) doivent seulement un peu mieux recevoir que les autres et plus volontiers, ceux qui, comme pour le paiement de notre bourgeoisie, nous peuvent communiquer quelque industrie profitable et avantageuse. A cela nous induisent et instruisent les exemples de nos voisins, qui se servent de nous-mêmes, mieux que nous ne faisons nous-mêmes. Un bel esprit doit jouir partout de ses droits naturels (pages 50-51).

« ... S'ils (les artisans étrangers) vouloient ou pouvoient apprendre quelque chose, je les réputerois dignes de l'hôtelage, sinon je serois d'avis que nous nous en tinssions aux nôtres (page 79). »

A vrai dire, Montchrétien ne réclame que contre les priviléges accordés par les lois ou les mœurs aux étrangers, dans certains arts où les Français peuvent se suffire, la verrerie, par exemple (page 117). Parfois cependant il parle des étrangers avec une âpreté de ton qui trahit en lui plus que le froissement des intérêts de l'industriel, ou des convictions du publiciste : on devine alors le sujet fidèle qui a horreur des doctrines régicides dont les livres étrangers ont souillé la France et armé peut-être le poignard de Ravaillac (page 114) ; et le bon citoyen que révoltent les scandales et les dilapidations des Concini, devenus les maîtres de la Cour et du royaume. Ainsi interprété, — et nous croyons pouvoir le faire avec justice — son langage à la reine-mère Marie de Médicis, elle-même fille de Florence, s'élève à la hauteur d'un patriotique devoir rempli avec un courage qui n'était pas sans péril.

Tout en poursuivant de ses rancunes la concurrence étrangère, Montchrétien affirme l'habileté supérieure des Français, autant pour le travail que pour l'esprit inventif ; et il ne trouve d'autre explication à leur défaite dans la lutte industrielle, que le prix plus élevé de leurs produits, nécessaire conséquence de l'excellence de la fabrication, d'un débouché limité à un petit nombre de ventes, des règlements enfin, dont il apprécie très bien les effets de renchérissement :

« Qu'il soit permis à nos artisans de faire aussi mal que les étrangers, et après ils soient comme eux exempts de reproche, alors ils feront des faulx à aussi bon marché (page 76). »

Mais il ne veut pas d'un bon marché obtenu aux dépens de la bonne exécution. Il ne recherche pas du reste, ni dans la difficulté des communications, ni dans les charges publiques, ni dans le défaut de relations commerciales à l'étranger, d'autres causes de cette cherté des marchandises : c'est une lacune que nous regrettons sans nous en étonner, non plus que de son silence sur la réforme des règlements. En son temps on ne comprenait guère la liberté de l'industrie qu'à la façon dont nous la comprenons encore aujourd'hui pour le barreau et la médecine : libre accès à chacun moyennant justifications de capacité ; on y ajoutait la vérification des produits. Placé à ce point de vue, Montchrétien

« Ne peut assez s'étonner quelle erreur peut avoir donné cours aux lettres de bulle en ce royaume, au moyen desquelles il est permis, en garnissant quelque somme, de faire profession de tel métier que l'on veut, trois ou quatre en sont seulement exceptez, sans en avoir fait le chef-d'œuvre, non pas bien souvent l'apprentissage (pag 133). »

La cause de l'erreur, qui avait, sous les Valois et même sous Henri IV, remplacé les preuves d'habileté par l'achat des maîtrises, n'est que trop connue : c'était le besoin d'argent. C'est contre cet abus de la vénalité des charges et professions et non contre un système de garanties, que réclamaient les États-Généraux de 1614, en demandant la liberté de l'industrie, qui depuis l'année 1577, était étouffée par les maîtrises et les jurandes (1). Montchrétien ne dépassa point cette réforme, tout en rendant hommage, avec l'accent de la conviction au principe de la liberté économique et humaine :

« De vray, la France a cette gloire incommunicable à tout autre pays, que chez elle de toute antiquité est établi le vrai domicile de la liberté ; que l'esclavage n'y trouve point de lieu ; que le serf même d'un étranger est affranchi, sitôt qu'il y a mis le pied. Mais puisque pour bonnes et chrétiennes raisons, on a aboli la servitude, reste que le public ait soin d'employer les hommes à des artifices et travaux qui joignent le profit particulier à son utilité commune (page 56). »

Cette libéralité de sentiment il l'étend même à la religion, pour laquelle il apprécie avec une grande élévation l'heureux effet de la rivalité des cultes :

« Comme Dieu, par sa providence, de la discorde des éléments a tiré la concorde du monde, et tient toutes ses parties en égal contre-poids, par la diversité de ses qualités ; aussi de la différence des religions, que vous supportez fort consi-

---

(1) Renouard, *Traité des brevets d'invention.* 3ᵉ édition, p. 45. — Le vœu s'étendait même au commerce des colonies.

dérément en ce royaume, par un trait admirable de prudence, vous donnez à vos sujets, tant de l'une que de l'autre
profession, sujet de faire naître parmi eux ce beau concert de
bonnes volontés, d'où résulte l'harmonie de notre Etat, et la
tranquillité de votre règne. »

Rarement la politique tolérante de l'édit de Nantes a
été mieux appréciée. Que Montchrétien n'est-il resté fidèle
à cette conciliante inspiration! Au lieu de périr miséra-
blement, dans sa quarante-sixième année, rebelle envers
son roi, il eût sans doute ajouté par de nouveaux travaux
un nouvel éclat à son nom, et peut-être lui eût-il été
donné de fonder, sur des bases définitives, cette science
économique dont il discourait, dès l'année 1615, avec tant
de nouveauté et de force!

IV. — LE LIVRE DU COMMERCE.

Le second chapitre du *Traité* de l'*Economie politique*
est consacré au commerce, et comprend, d'après le sommaire, les sujets suivants :

> Du commerce tant dedans que dehors le royaume;
> De la trop grande liberté et immunité des Espagnols,
>   Portugais, Anglais et Hollandais parmi nous;
> Du transport et règlement de la monnaie ;
> De l'inégalité du traitement que les étrangers re-
>   çoivent en France à celui que les Français reçoivent
>   en leur pays, tant pour les personnes que pour
>   les gabelles et impositions.
> De la différence de l'allié et du citoyen;
> Des commissionnaires;

Du commerce du Levant;

Du trafic des épiceries;

Des compagnies en sociétés;

Des ventes et achats qui se font dans les provinces et de la police que l'on doit y observer.

Faisant un retour sur les doctrines de protection et de prohibition qu'il vient d'exposer, Montchrétien prévoit les objections et les réfute. Tour à tour il aborde la question des échanges, des rapports d'affaires, des traités de commerce, de la susceptibilité des voisins et alliés (1).

Au point de vue des échanges, l'on demandera donc premièrement : « si la France se fournit par elle-même de « tout ce qui lui est nécessaire, que deviendra le trafic de « peuple à peuple (page 4). » Reconnaissant que «le trafic de nation à nation se fait par le besoin que les unes ont des autres, à cause que les commodités de la vie humaine sont départies en diverses régions, comme nous dit le grand poète romain, » l'auteur limite son principe d'exclusion aux produits fabriqués, et il admet le libre trafic des choses non ouvrées « pour l'accommodement de peuple à peuple, » ce qui comprend la plupart des matières premières et des denrées alimentaires. Sans être suffisante la concession est considérable. Il cite en particulier nos vins « desquels l'Angleterre est si friande, » comme un digne contre-échange des métaux et autres marchandises qu'elle peut nous fournir.

Seconde question. — Quelle sera plus (désormais) la

(1) Toutes nos citations de pages se rapportent au chapitre du commerce qui est rejeté à la fin du *Traité*, avec une pagination spéciale.

négociation et correspondance étrangère? » — Par ces mots, Montchrétien entend les négoces de tout genre que font les étrangers dans un pays, en y intervenant de leurs personnes ou par correspondants : si nous parvenons à nous suffire à nous-même, que deviendra cet élément de prospérité et de revenu? C'est de quoi notre économiste a peu de souci. Il faut apprendre, pense-t-il, à faire soi-même ses affaires :

« C'est un grand témoignage qu'un homme est né riche de fortune et d'esprit, quand lui-même fait valoir son propre talent, et travaille pour sa propre utilité. Ajoutez que ne prenant rien sur nous, peu à peu nous nous dénaturons à l'endroit des nôtres, pour aimer et favoriser ceux-là qui nous font gagner (page 3). »

A l'appui de ses préceptes, il invoque la conduite des marchands étrangers, qui sont, en outre, des espions fidèles et de clairvoyants rapporteurs de la situation d'un pays. La politique conseille donc de s'en passer, et plus encore une juste fierté :

« Je dis finalement que, comme celui qui possède un ample et fertile héritage, en devrait-il être réputé indigne, s'il laissait passer la saison de le bien cultiver, ou s'il l'abandonnait du tout en friche pour gagner quelque pièce d'argent à labourer la terre d'un autre; ainsi, que tout homme d'action et d'artifice mériterait de perdre son temps et sa peine, si pouvant les approprier à son seul et singulier profit, il les dépend pour l'utilité d'un étranger, bien souvent inconnu, à l'appétit d'un loyer vil et mercenaire (page 5). »

Mais ira-t-on jusqu'à abolir les alliances, ce que nous appelons les traités de commerce?

Non, sans doute, répond Montchrétien, mais il ajoute avec une liberté de jugement qui ne manque pas d'à-propos encore aujourd'hui :

5

« En matière d'Etat les alliances ne sont pas considérables (à considérer) de la même sorte que l'amitié, où toutes choses doivent être communes. Elles ne doivent pas faire passer un pays dans l'autre... Chacun doit y garder ses droits, conserver ses prérogatives et retenir ses avantages soit naturels, soit acquis. D'ailleurs, si elles sont bonnes et justes, elles durent ; si mauvaises et déraisonnables, elles sont incontinent rompues. Je trouve trois raisons de les contracter, l'utilité, l'honneur et le devoir ; ajoutez, si vous voulez, la proximité du voisinage (page 5). »

De ces alliances, le commerce en fait la meilleure et plus grande part ; mais, en se liant, il faut n'avoir garde de s'enchaîner ; le souverain doit rester maître de ses règlements. « Son intérêt et la commodité de ses peuples doivent être son seul but. »

« Quand les rois d'Angleterre ont pu faire faire des draps pour vêtir eux, leur cour et leur peuple, ils ont pensé se pouvoir raisonnablement dispenser du traité qui les obligeait de porter leurs laines à Bruges ; et si les Espagnols pouvaient faire assez de blés pour se nourrir, aurions-nous juste occasion de se plaindre d'eux, de ce qu'ils ne voudroient plus acheter les nôtres (page 6) ? »

Enfin, de la crainte d'offenser les voisins, dont il a fait justice dans les lignes qui précèdent, il se dégage tout à fait sur un ton d'insouciance quelque peu railleuse :

« En matière d'égaux, c'est une maxime véritable que les comportements doivent être pareils. Sur quel prétexte donc cette haine, parce que nous voulons être sages, et plus près regardant à nous que par ci-devant ? S'ils nous doivent haïr, qu'ils n'en aient jamais d'autre cause ! Mais tant s'en faut, ils nous estimeront davantage, de leur avoir ôté le sujet de dire et d'écrire de nous, que nous ne voulons pas tant que nous pouvons, et que nous sommes dignes de vouloir davantage ; que notre ordre ne répond pas à notre valeur, ni notre travail à notre industrie (page 7-8). »

Quant à l'appréhension d'une querelle de la part des étrangers, à qui on dénoncerait les traités, suivant le langage du jour, son ironie ne se contient pas :

« Cet épouvantail est bon pour empêcher les oiseaux de venir au blé, mais pour garder les Français de faire leur profit sur l'autorité de leur prince, et par son vouloir absolu, je ne le crois pas... C'est aussi où nos voisins songent le moins : rêver à cela, c'est se forger un fantôme pour le combattre et s'alambiquer l'esprit sur une vaine imagination (page 8). »

Ces réponses faites aux objections, Montchrétien avance dans son sujet par un bel éloge du commerce, qui dépasse même l'exacte vérité, en ce qu'il l'élève au-dessus des autres arts producteurs.

« Le commerce est en quelque façon le but principal des divers arts dont la plupart ne travaillent que pour autrui, par son moyen : d'où il s'ensuit qu'il a quelque chose de plus exquis, en matière d'honneur et de profit, que les arts même, tant à raison qu'ils s'emploient pour lui, que pour autant que la fin n'est pas seulement le dernier point de la chose, mais le meilleur (page 9). »

Ses services sont, du reste, très-bien appréciés, et de haut.

« Il sert à joindre et unir en amitié plusieurs peuples, séparés par de larges étendues de terre, ou par de longs trajets de mer, et retire de la main des barbares beaucoup de grandes et signalées commodités (page 11).» Non-seulement utiles, mais nécessaires, les marchands ont droit de chercher leur gain personnel dans leurs entreprises, car ce gain « fait et cause une bonne part du bien public (page 9). »

Homme positif, comme nous dirions aujourd'hui, Montchrétien traite fort légèrement la vertu sans argent, la société sans richesse.

« Ceux-là se trompent qui mesurent la félicité d'un Etat à la seule vertu simplement considérée et pensent que cette

vie, ainsi tracassée à l'appétit du gain, lui soit du tout contraire. Nous ne sommes plus au temps que l'on se nourrissoit
du gland tombé des chênes secous ; que les fruits que. la
terre produisait de son gré et l'eau pure étaient de grandes
délices. Bien plus de choses sont maintenant requises à
l'entretien de la vie... C'est pourquoi toutes ces belles con-
templations de la plupart des philosophes ne sont qu'en idée,
et pour une république où l'on ne saurait que faire de labourer ni d'agir... Les mains qui font et les pieds qui portent
sont aussi nécessaires au ministère de l'âme comme les yeux
qui voient et les oreilles qui oyent... Les marchands sont
aussi nécessaires que les laboureurs, les soldats et les juges...
Et tous les discours des philosophes, contraires à cette résolution, établie et fondée dans la nécessité même, sont autant
de chimères en l'air (page 10-11). — La richesse, au demeurant apporte un grand respect, une extrême faveur
(page 162). »

Notre auteur s'applique à montrer que « l'exercice de
« la marchandise a été en grande vogue d'honneur parmi
« les nations les plus civilisées. » Dans les temps anciens,
il cite les rois d'Israël et quelques exemples de considération accordée au trafic, faciles à combattre par des
exemples contraires de la Grèce et de Rome. Plus justement il invoque, parmi les modernes, l'Italie, l'Angleterre,
la Hollande. Appuyé sur le droit des gens et sur l'utilité
générale le commerce a droit à un gain honnête : « comme
moyen de commodément vivre, comme un gage et salaire
de labeur. »

Sans méconnaître ces services, on a de tout temps accusé
le commerce de pratiques frauduleuses, ce qui est le principal prétexte de la défaveur qui l'a parfois atteint. Montchrétien en parle avec beaucoup de mesure:

« Je ne veux pas nier que les esprits marchands ne soient
ordinairement plus attachés de leur propre convoitise que de

l'affection du public, que l'éclat jaunissant de l'or ne les éblouisse, et fourvoie quelquefois un peu de l'équité. Mais pour en parler politiquement, il ne les faut pas, à cette occasion, rejeter de la république et du nombre des citoyens comme un espèce d'ilotes..... On tire et compose un bon antidote de cette vipère... Et. puis qui le voudrait prendre de si près, il n'y aurait point de bons laboureurs, de bons artisans, de bons avocats, car en ces arts les meilleurs sont ceux qui peuvent gagner davantage, et cela même est un trait de leur art (page 13). »

C'est à la police de prévenir les fraudes, à la justice de les châtier.

Après ces préambules sur l'excellence du commerce honnêtement pratiqué, Montchrétien passe aux métaux précieux, qui en sont le principal instrument. Il les glorifie en littérateur autant qu'en économiste.

« On peut dire dès à présent que nous ne vivons pas tant par le commerce des éléments que par l'or et l'argent. Ce sont deux grands et fidèles amis. Ils suppléent aux nécessités de tous hommes. Ils les honorent parmi toutes gens. Ils attachent un clou à la roue de leur fortune. Ils réjouissent le cœur, égayent les esprits, et comme un sang pur et louable, donnent une belle et vive couleur à la vertu... Ils sont comme les grands ressorts qui font jouer tous les autres, et à quoi tous les autres aboutissent (page 15). »

D'accord avec les politiques qui enseignent que l'argent est le nerf de la guerre, Montchrétien leur montre en outre que le commerce est la source première de l'argent :

« Il est impossible de faire la guerre sans hommes, d'entretenir des hommes sans solde, de fournir à leur solde sans tributs, de tirer tributs sans commerce... Aussi l'exercice du trafic, qui fait une grande part de l'action politique... est le plus court moyen de s'enrichir, et, par la richesse de monter au comble d'honneur et d'autorité (page 15.) »

De cette prospérité, fruit du commerce, il cite pour preuve et pour exemple la Hollande, dont il fait un éloge enthousiaste :

« Jamais État n'a tant fait en si peu de temps ; jamais des principes si faibles et obscurs n'ont eu de si hauts, si clairs et si soudains progrès. Le ciel ne couvre peuple si barbare qu'il ne communique. Il n'y a coin du monde si reculé qu'il ne reconnaisse ; rien si secret qu'il n'évente. Toutes terres lui sont ouvertes par la mer. Cette merveille accuse notre paresse, je ne veux pas dire lâcheté, la nation française est trop brave. Cette richesse si grande et si promptement amassée, qu'il semble même à ceux qui la possèdent qu'elle leur soit venue en songe, nous taxe de nonchalance, j'aurais tort de dire de peu d'industrie ; car nation du monde ne nous est égale en ce point, soit par mer, soit par terre. Que conclurai-je donc après avoir recueilli mes esprits ravis d'admiration? Qu'étant venu à la fin des siècles, il (l'État hollandais) a fait profit de toute l'expérience du passé ; voulant confondre l'espérance de l'avenir en tous autres. Qu'avec le labeur français il a mêlé la ménagerie anglaise. Que n'ayant point trouvé de Rome qui pût empêcher sa croissance et retarder son cours, il est demeuré Carthage (pages 16-17). »

Ce dernier trait ne devait pas tarder à être démenti. A défaut d'une Rome, ce fut une seconde Carthage qui éclipsa bientôt celle des Pays-Bas! Montchrétien a dû visiter la Hollande, au ton dont il en parle.

« Si je voulais laisser à la postérité un tableau de l'utilité du commerce, comme autrefois a fait Homère de la paix et de la guerre, en son fameux bouclier d'Achille, je décrirois ici d'un côté les villes d'Amsterdam et de Mildebourg, en l'état qu'elles étoient, il y a vingt-cinq ou trente ans, et de l'autre, celui auquel elles sont maintenant, grosses de peuple, comblées de marchandises, pleines d'or et d'argent (page 17). »

Au moment d'exposer les motifs qui doivent engager la

France dans les voies du grand commerce, à l'instar de la Hollande, de l'Angleterre, des cités de Venise, Florence, Gênes, Montchrétien prend ses mesures contre la témérité de ses discours. Il se couvre de sa bonne foi et de son patriotisme :

« Le seul zèle de votre gloire (c'est toujours au roi et à la reine-mère qu'il s'adresse) et l'utilité seule de mon pays m'ont convié d'entreprendre cet ouvrage... C'est la plus grande marque de votre juste domination, qu'il soit permis à chacun de dire librement, et modestement tout ensemble, ce qu'il pense. Telle franchise de parole ne vous est point suspecte, et ne nous est point tournée à crime (page 18). »

C'est en effet aux dépenses de l'État et aux nécessités de la couronne que subvient le commerce ; pour le faire connaître à Leurs Majestés, Montchrétien leur en fait ce qu'il appelle « une petite anatomie (page 19). »

Cette « petite anatomie » est une analyse très-perspicace et presque complète de la fonction du commerce qui se divise en deux courants, suivant qu'il se fait au dedans ou au dehors du pays. Le commerce intérieur est plus sûr, plus commun, plus constant, plus universellement utile. Le commerce extérieur est plus grand, plus fameux, plus hasardeux, à perte et à profit. Le premier lie les citoyens entre eux et les concilie, le second relie diverses nations. Tous deux sont bons, quand ils sont réglés et conduits comme il faut. Tous deux sont nécessaires, s'entr'aident et se fortifient l'un l'autre.

Des prémisses, aussi justes que fermes, promettent des développements pleins de sens. Ils ne font pas défaut.

Au commerce intérieur, l'auteur du *Traité* montre les ressources naturelles presque sans limites du royaume

« de France dont les landes même peuvent être faites
« terres fertiles, » et il les oppose à l'état de langueur et
de misère qui a envahi toutes les provinces. En tout l'utilité frappe Montchrétien. A bon droit, dit-il, notre roi
François Ier, se moquant un jour de la vanité des titres de
l'empereur Charles-Quint son concurrent, voulut se qualifier roi de France et de Gonesse, lieu où l'on fait de
fort bon pain.

Dans tout le corps de l'État le désordre est grand, et les
Etats-Généraux ont été à propos convoqués pour en montrer les remèdes. Entre tous, la faveur donnée au commerce intérieur est l'un des plus puissants ; et parmi les
témoignages de cette faveur, il faut mettre les avantages
réservés aux nationaux sur les étrangers, à moins que ceux-
ci n'aient obtenu la naturalisation de l'Etat, ou la bourgeoisie des villes. Nulle part cet usage n'est plus rigou-
reusement pratiqué que chez la nation anglaise, et
principalement dans la ville de Londres, où les « traficants
« sont compris en vingt-quatre métiers, lesquels ont cha-
« cun un alderman, parmi lesquels s'élit tous les ans le
« maire de Londres, grand et vénérable magistrat, et, dit-
« on, le second du royaume (page 24.) »

Une telle police diffère fort de la nôtre, « pleine de
licence et de liberté ; car nous avons droit, dès la naissance,
de faire le trafic tel qu'il nous plaît. » Tout bien considéré,
Montchrétien préfère notre régime de liberté. Sans doute
le crédit, *qui est l'âme du commerce*, doit être maintenu
en réputation par qui le veut rendre utile et profitable, et
il peut être compromis quand toutes gens s'en mêlent
indifféremment ; « cela toutefois semble quasi dépendre

« du génie du lieu. La France est terre franche, et la né-
« gociation y est pareillement libre (pages 24-25). »

Mais ce doit être « aux siens proprement et particulièrement » ajoute notre auteur, qui entre dans l'exposition
très-détaillée de sa doctrine vis-à-vis des étrangers. Je n'ai
pas à dissimuler qu'il ne les voit pas avec satisfaction se
mêler au commerce de la France ; que leur prospérité lui
inspire de la mauvaise humeur ; qu'il parle, en un mot,
moins comme un économiste du XIXᵉ siècle que comme
un publiciste français du XVIIᵉ, n'acceptant qu'avec réserve
la doctrine libérale de Henri IV (1), et se montrant médio-
crement initié à la réciprocité de services qui naît de tout
échange librement consenti et équitablement pratiqué.
Historien pour le moment, je raconte plus que je ne discute ;
je dois toutefois constater que les griefs qu'accumule Montchrétien ne s'inspirent d'aucun mauvais sentiment : « Tout
« ce que je dirai ci-après, je le dirai sans être touché d'au-
« cune passion contre aucun, soit citoyen, soit étranger,
« si ce n'est de celle qui délia la langue au fils de Crésus
« (l'amour filial). » S'il se plaint amèrement, c'est parce
que la réciprocité n'existe pas, et que les Français ne trouvent pas au dehors, même chez les peuples alliés, la libéralité d'accueil que nos lois et nos mœurs leur assurent

_____

(1) « L'expérience nous enseigne que la liberté du trafic que les
peuples et sujets des royaumes font avec leurs voisins et estrangers, est un des principaux moyens de les rendre aisés, riches et
opulents. En cette considération, nous ne voullons empêcher que
chacun fasse son profit de ce qu'il a par le moyen et bénéfice du
commerce. » — (Décl. du 12 mars 1595, Poirson, *Histoire de
Henri IV*, t. III, p. 189.)

chez nous. Une telle inégalité, qui n'était que trop réelle (1), excuse l'âpreté du langage. Pour la démontrer Montchrétien passe en revue les divers peuples avec lesquels la France trafique, et pour chacun d'eux il établit avec une grande précision de faits, la double thèse qu'il poursuit : notre aveugle générosité envers eux, leur inique rigueur envers nous.

Son plaidoyer contre les étrangers, excessif sans doute, est d'une remarquable vigueur. Remontant aux découvertes des Espagnols en Amérique et aux navigations des Portugais en Asie, il montre comme la France a déchu de son indépendance commerciale vis-à-vis de ces deux peuples, en leur demandant de l'or, de l'argent, des épices en échange de ses propres marchandises qu'auparavant ils payaient en produits de leur sol : c'est dire que l'échange des produits contre les produits l'emportait à ses yeux sur l'échange des produits contre l'or et l'argent, contrairement au dogme du système mercantile : « Pour tirer « d'eux les choses superflues, nous nous sommes bien sou- « vent soustrait les nécessaires (page 31). » Aussi déplore-t-il la décadence du commerce de la France qui avait fleuri pendant plusieurs années, appuyé sur deux avantages : la traite d'Espagne et notre supériorité dans la connaissance et la pratique de la marine, où « les Anglais quoique

_____

(1) « Les fautes de notre diplomatie pendant les deux derniers règnes, les exigences de notre situation politique, et la guerre ouverte sous Henri IV, avaient amené les choses au point que les marchés étrangers étaient presque complètement fermés à notre commerce, tandis que nos provinces, nos villes, nos villages même étaient ouverts au commerce et aux produits des étrangers. » (Poirson, *Histoire de Henri IV*, t. III, p, 328.)

insulaires, ne nous ont jamais surpassés ni de hardiesse ni d'expérience, » les Hollandais moins encore.

« Les Français, gardant ainsi les avenues du dehors, et tenant la mer au long et au large, jouissaient des fruits de chez eux en toute abondance et liberté, ou les transportaient eux-mêmes ailleurs, s'accommodant de l'or et des épiceries qu'ils recevaient des mains des Espagnols et Portugais, dans leurs propres havres. »

Rompu par les guerres entre François Ier et Charles-Quint, renoué par des alliances entre Henri II de France et Philippe II d'Espagne, le commerce de la France avait repris son cours naturel, lorsque survinrent les troubles civils du royaume « et en même temps sa désolation grande, universelle et longue. » Les Anglais, jusqu'alors occupés de leurs querelles avec l'Espagne, avaient peu de négoce avec la France ; ils ont pris la route de nos marchés en vertu des traités conclus avec Henri IV, et de la situation toute nouvelle faite aux industries et au commerce de notre pays. La paix se montra d'abord favorable aux intérêts du travail : la mer fut librement ouverte à nos navires ; la France remplit l'Espagne de blé, de toile, de drap, de quincaillerie, en retour de l'or, de l'argent et des perles ; mais à la longue la paix tourna contre nous en donnant à nos rivaux des loisirs et des ressources qui servirent à la concurrence contre nos nationaux.

Tout en proclamant Henri IV « la merveille de son siècle et l'admiration des âges à venir » Montchrétien laisse percer quelque regret qu'il ait réconcilié Philippe II d'Espagne avec Jacques VI d'Ecosse parvenu à la couronne d'Angleterre, sous le titre de Jacques Ier; qu'il ait rapproché, avec un égal succès, les Espagnols et les Hollandais.

« Comme le repos des peuples amène d'autres soucis que ceux de la guerre et les porte à d'autres exercices, ces nations auparavant occupées à se défendre par terre et par mer contre ce riche et puissant ennemi, lequel elles estimaient leur être commun, ont eu plus de loisir d'appliquer leur esprit, porté par nature et par habitude à l'amour du gain, sur les recherches de tous les moyens qui les en pourraient faire jouir »... De là ! pour conclure, cette exquise et non pareille diligence à fureter tous les coins du royaume, pour trouver ce qu'ils cherchent, de là cette hantise si fréquente en nos ports, cette familiarité si peu familière avec nos marchands, cette négociation universelle de tout, en tout et partout, qu'ils exerçent maintenant parmi nous (page 30).

Plus loin il les accuse de renchérir par leur libéralité sans mesure, les denrées de consommation, même les services domestiques (page 58-59).

Incidemment, Montchrétien rapporte une maxime que Montaigne a rendue célèbre « on dit que l'un ne perd jamais que l'autre n'y gagne (1). » Et sans la repousser entièrement, il l'atténue beaucoup en la restreignant aux marchés avec les étrangers.

« Cela est vrai et se conçoit mieux, en affaire de trafic qu'en toute autre chose. Je dirai pourtant, qu'en celui qui se fait de citoyen à citoyen, il n'y va de nulle perte pour le public. C'est à son regard comme si l'on tenait deux vases en ses deux mains, et que l'on versât la liqueur de l'un en l'autre (page 38). »

Mais, ajoute-t-il, avec humeur, il n'en est pas ainsi des marchands et facteurs étrangers ; et vis-à-vis d'eux il se montre sans pitié, et même sans justice. Il leur reproche surtout,— et c'est l'atténuation de ses âpres censures, — la

(1) Le texte de Montaigne est : « Le profit de l'un est le dommage de l'autre. » *Essais*, liv. II, ch. xxi.

banqueroute dont ils paient les marchandises qu'ils enlèvent, et les capitaux qu'on leur confie.

« Deux ou trois pour cent que l'étranger nous offre de plus que ne fait le bourgeois assuré, nous éblouissent la vue, nous charment la convoitise (page 40). »

De ces pertes Montchrétien accuse les lois, complices des mœurs ; elles manquent de prévoyance et n'offrent point de garanties aux nationaux, à la différence des lois de l'étranger en son pays :

« A-t-on jamais ouï parler qu'un Français ait fait banqueroute en Espagne, en Angleterre, et en Flandre ? Il ne l'oserait pas entreprendre quand il le pourrait (page 41). »

Son patriotisme s'indigne de notre infériorité en industrie commerciale, qui est l'effet vicieux de la législation et de la politique, et nullement de la nature : « Nous ne sommes pas nés, mais nous sommes faits tels. » La contagion de l'exemple nous fait décliner, même pour l'honneur en affaires.

« De là plusieurs banqueroutes entre les nôtres, rares auparavant, de là notre foi suspecte, au temps de nos pères tant estimée. Et puis pourquoi ne se permettra sans crainte le citoyen, ce que l'étranger fait tous les jours à ses yeux sans punition, et à quoi les lois mêmes ne le reçoivent point ailleurs ? On s'accoutume à ne faire cas de faillir, quand on voit souvent faillir (page 44). »

D'après ce tableau, s'il n'était sans doute un peu chargé, l'on devrait se figurer les villes de France, vers les débuts du règne de Louis XIII, pareilles à ces villes de l'Amérique centrale et méridionale, où toutes les occupations lucratives sont aux mains des étrangers, tandis que les indigènes se livrent à l'oisiveté. En France aussi, la jeunesse d'alors consumait ses loisirs en vaines et funestes distractions :

« Aussi voyons-nous tous les jeunes gens réduits à battre le pavé, ou s'adonner à l'amour, que Diogène appelle l'affaire des gens qui n'ont que faire, ou s'ils songent à quelque chose, c'est pour s'accommoder de quelque charge de justice, à laquelle ils fichent leur but (page 45). »

Le grand train d'existence que mènent les étrangers, grâce à leurs profits, ne peut manquer d'exciter l'envie des nationaux, bientôt leur admiration : ceux-ci imitent cela, sans posséder les mêmes ressources, et se ruinent en même temps que les premiers s'enrichissent.

Bientôt l'entraînement va jusqu'aux alliances de mariage. Perspective douloureuse pour Montchrétien qui porte bien haut, trop haut, l'orgueil du sang français, et prévoit avec douleur que « la République se peuplera de métis, et avec la nature se changeront les mœurs (page 48). » Sur ce point les mœurs ont en en effet bien changé, sans qu'il y ait à s'en affliger : les mariages mixtes, en fait de nationalité comme de religion, rapprochent les âmes par l'union des sangs et des intérêts sans les amoindrir.

Dans ses amères doléances contre cet état de choses, notre économiste ne s'inspire pas d'une étroite jalousie : fidèle à la haute estime qu'il a professée pour le travail, il signale comme le suprême danger de la situation l'inertie stérile où se laisse aller la France.

« L'endormissement nous saisit, et coule de membre en membre comme un venin de torpille. Les richesses que l'étranger amasse, nous font tomber d'étonnement, les pouces en la main, au lieu de nous encourager à faire de même. Ses bons succès, qui devraient nous animer, nous ôtent l'âme. De vrai, nous sommes bien vaincus, car nous pensons l'être (page 50-51). Nous chômons en languissant, nous languissons en chômant (page 51). »

Qu'il vienne du dehors par la concurrence étrangère, ou de nous-même par la complicité de notre insouciance, le mal n'est pas sans remède, et il ne dépasse pas nos forces. Mais il y faut une main divine, c'est-à-dire royale !

Le billonnage surtout appelle l'intervention de la royauté, qui seule a droit de le régler. D'après Montchrétien, les étrangers n'ont pas de trafic qui nous soit plus préjudiciable. En possession de tous les comptoirs, ils font sur le change des monnaies des profits exorbitants, facilités par le cours que l'on donne aux diverses espèces de monnaies étrangères en France. Les détails que fournit sur ce sujet le *Traité de l'Economie politique* sont aussi curieux que précis ; mais ils nous intéressent moins que les principes qui guident son auteur, dans l'appréciation de cette question délicate des monnaies, principes qui sont d'une correction tout à fait remarquable pour son temps.

C'est un grand trouble, déclare-t-il, que le décri des monnaies, et leur incertitude encore plus ; c'est une affliction extrême, un désespoir pour le peuple... La valeur des monnaies est sujette à variation, et il ne faut pas prétendre à une fixité immuable en tout temps et en tout pays : mais si le prix peut et doit quelquefois changer, jamais le titre, le carat, et le pied. C'est le poids qui doit faire la raison des monnaies, et à cet égard doit régner une absolue loyauté. Les substances dont elles sont composées doivent être pures autant qu'on peut : « car toute altération sent la corruption de l'intégrité d'un pays... » Leur affaiblissement dépend de l'aloi et du poids qu'il faut exactement régler, afin que les princes voisins, ni les propres sujets ne puissent les falsifier. Tout le vice des faux monnayeurs consiste prin-

cipalement au mélange des métaux. Il faut donc, pour y
obvier, que la monnaie se fasse de métaux purs et simples,
autant que possible (page 64-65). Quant aux espèces mé-
talliques, bien loin que la multiplication de leurs types
accroisse la richesse publique, leur grand nombre ne fait
que troubler. Quand il n'y aurait pour l'or que des écus,
pour la monnaie blanche que des quarts d'écu, des demi-
quarts, des pièces de quatre, des pièces de deux, et que les
paiements qui s'en feroient fussent réglés, et estimés seulement par le poids, il semble. que ce serait une grande
commodité. Il faut au reste de la petite monnaie... Il convient qu'en un Etat ne circule que la monnaie nationale ;
tout au moins qu'elle seule ait cours, pour la sûreté des
échanges, la confusion, quant à l'instrument qui mesure
les valeurs, ne profitant qu'aux marchands. Si l'on a besoin
d'attirer l'or et l'argent d'Espagne, c'est une raison de leur
reconnaître une plus-value, « car les monnaies... s'amassent
où elles vont à plus haut prix (page 63 à 66). »

Montchrétien s'excuse de ce qu'il appelle à tort une
digression sur les monnaies, en alléguant, « que l'aisance,
la facilité, la fermeté et l'assurance du commerce en dépendent principalement; » aux considérations d'intérêt
privé et d'ordre public il ajoute des raisons tirées des
revenus de la monarchie qui, par la fraude sur les monnaies dont on paie les taxes de douanes, subissent une
perte d'un sixième.

Revenant à son sujet principal, le commerce étranger,
Montchrétien signale les abus graves et nombreux de la
contrebande qui s'opère sur toutes les frontières de terre
et de mer; et pour y porter remède il recommande une

mesure qui est depuis longtemps entrée dans les lois : la
détermination des ports et places par où devra toute marchandise étrangère pénétrer dans le royaume, suivant
l'usage établi chez les nations voisines. Au sujet du commerce de transport, passé presqu'en entier aux Hollandais
et aux Anglais, « on sait, dit-il, que la voiture des
« rivières est la plus commode, la moins coûteuse : nos
« concurrents se vantent d'avoir la mer, et pensent à plus
« forte raison que les fleuves leur appartiennent : par
« l'une et l'autre voie, ils ont entrepris la plus grosse
« voiture que nous ayons, celle du sel. » Et cependant,
continue-t-il « nos hommes négligés demeurent là, sans
« que personne leur donne moyen de vivre en travaillant,
« ni de travailler en vivant. » Contre cet empiètement
Montchrétien demande le privilége des transports en faveur
des navires et mariniers français, « afin que les Hollandais
n'emportent plus tous les ans 60,000 écus de fret, pour
le voyage de Brouage en Normandie, Picardie et par la
rivière de Nantes. » C'était le cabotage revendiqué pour le
pavillon national, une des règles de la politique commerciale de toutes les nations, qui n'a fléchi que de nos
jours.

Aucune des raisons qui en ont si longtemps maintenu
le privilége n'échappe à Montchrétien. Oppose-t-on le
bon marché, il répond que « les étrangers étant exclus
« de cette voiture, vos hommes (son discours s'adresse
« toujours à Louis XIII) la rendront bientôt aussi com-
« mode et à pareil prix. » Le bénéfice du public contre-
balance tout autre avantage qu'on puisse alléguer. Le sel
étant une denrée recueillie et consommée en France, il

6

est juste que le transport en soit fait par nos compatriotes qui en sont capables, et sont en nombre plus que suffisant : « Cela touche une grande multitude du menu peuple, dont il faut empêcher la débauche pour le repos public, et pour l'utilité commune... Puisqu'ils ne demandent autre chose que le travail, peut-on le leur refuser? Et n'est-ce pas justice qu'ils soient employés, au préjudice de l'étranger, aux lieux où ils ont reçu la vie? »

Fortement convaincu de l'importance des transports, il y revient plus loin.

« La voiture... est l'un des plus grands et plus importants points du gain. Quiconque la peut attirer par devers soi, se rend toujours le plus fort en matière de trafic, le plus nécessaire, et facilement le plus riche... L'exemple des Hollandais parle intelligiblement en ce sujet, desquels la seule richesse, la principale force consiste en la quantité de vaisseaux et d'hommes de mer qui peuvent s'employer à voiturer deçà delà les marchandises, à beaucoup moins de frais que nous ne faisons à ce défaut, mais toujours avec quelque gain du général de leurs hommes et profit extrême de leurs marchands (page 163). »

A ces arguments on doit reconnaître que Montchrétien, en même temps qu'il se faisait dès la première heure l'avocat du travail national, n'avait garde de méconnaître l'importance des transports et du transit. Dans sa sincérité, il s'indigne contre les nationaux eux-mêmes, en reconnaissant qu'ils se font les courtiers, les commissionnaires, les instruments dociles et à vil prix des étrangers, au lieu de réserver pour eux-mêmes l'honneur et le profit de leur activité. Le sentiment public venge le patriotisme offensé. A Lyon, assure notre auteur, appeler un homme courtier, c'est-à-dire facteur, est une grosse injure, et ceux

qui exercent un tel état, ne sont point reçus en témoignage,
ni recevables à être maires ou échevins de ville, ou prieurs-
consuls des marchands (page 85). Les temps ont bien
changé, et dans le sens de la raison il faut le reconnaître.

Sous la plume de Montchrétien, esprit très-cultivé, des
détails vulgaires sont fréquemment rehaussés par le
charme piquant du style, naissant du sujet lui-même
finement observé et décrit. Veut-il peindre les habitudes
du commerce :

« La pratique des habiles marchands est de se tenir clos
et couverts, de se communiquer peu, d'ouïr beaucoup, et de
ne dire guère ; de s'instruire autant qu'ils peuvent par les
yeux et par les oreilles d'autrui, d'être diligent à mander
avis, et curieux d'en recevoir ; de se tenir toujours en garde
pour vendre et pour acheter ; et par les yeux de celui avec
lequel ils traitent, juger de son dessein ; par ses mouvements,
aller à l'assaut ou à la parade ; bref de se composer en telle
façon qu'ils puissent surprendre et n'être point surpris, connaître et n'être point connus. On voit par cela, combien nous
sommes peu capables en cette heure de frapper un bon
coup, et de donner quelque belle atteinte au profit. Les
étrangers entrent tous les jours en toute liberté, dans la salle
où nous faisons l'exercice des armes, apprennent et reconnaissent nos coups, tirent avec nous et bien souvent contre
nous : en un mot, il savent toute notre escrime, mais nous
ne savons pas la leur, ou si nous la savons, nous n'avons pas
l'adresse, ni le moyen de l'exécuter. C'est donc à Vos Majestés de commander que l'on fasse et pratique un jeu nouveau
qui nous soit tout particulier, ou s'il ne se peut, que l'on
ramène le vieux en usage, et je crois que ce sera le meilleur.
Il y a de fort bons coups à la vieille gauloise, et qui sont
imparables ; il ne faut que du courage et de la résolution
pour les entreprendre. Mais les Français n'en manquèrent
oncques ; ils n'ont besoin que de votre commandement et
de bonne conduite (pages 85-86). »

Malgré un peu de recherche, La Bruyère, nous semble-
t-il, n'eût point désavoué ce portrait de l'habile marchand.

Sévère envers les commissionnaires, qui s'interposent
indûment, pense-t-il avec une prévention peu raisonnée,
entre les producteurs et les acheteurs, Montchrétien ne
pouvait qu'être méfiant envers les Juifs. Sans les nommer
expressément, il les dépeint avec une vigueur de pinceau
qui se préoccupe plus peut-être de l'effet à obtenir que de
l'impartialité.

« Depuis plusieurs années, dit-il, certains hommes se
sont glissés en France, sur lesquels il court de forts mauvais
bruits. De la fumée on conclut au feu. Le magistrat doit y
voir, et pourvoir s'il est besoin. Plusieurs choses y obligent,
mais l'honneur et la piété surtout. Souvenons-nous que
nous sommes baptisés... On doit remarquer en un Etat ceux
qui y viennent; savoir les causes de leur venue et de leur
séjour; de quelles facultés ils se soutiennent, de quoi ils se
mêlent, à quoi ils prétendent, en quoi ils sont utiles, en
quoi non. Cela est vivre comme il faut; c'est gouverner par
science et par jugement (page 88). »

Cela sent aussi tristement la police, en attendant l'inquisition. Sur cette pente, il faut l'avouer, Montchrétien se
laisse entraîner aux préventions populaires; car il rappelle,
en les approuvant, les mesures prises par divers rois de
France contre ceux qu'il appelle des étrangers, et qui pa-
raissent, dans sa pensée, être spécialement les Juifs.

Avec plus d'autorité, il met en parallèle le traitement
que les étrangers reçoivent en France et celui que les
Français reçoivent chez les étrangers. Au bout de deux
siècles et demi, et malgré les changements dans les rapports commerciaux, l'inégalité du traitement n'a pas cessé

d'être une des thèses de litige entre les partisans et les adversaires de la liberté des echanges. Les faits très-nombreux et très-précis qu'accumule Montchrétien, accusent ou l'inhabileté de nos diplomates chargés des négociations, ou la faiblesse des magistrats préposés à l'application des traités, ou le laisser-aller qu'avait engendré un demi-siècle de guerres civiles et que n'avait pas suffisamment corrigé la politique de Henri IV. Peut-être ce prince, si clairvoyant, avait-il cru pouvoir subordonner les intérêts directs de la production et du commerce de ses sujets à ses grands desseins de haute politique, tous dirigés contre la maison d'Espagne, même ceux qui semblaient viser à la paix générale entre les nations. Notre économiste prétend « faire voir à l'œil et toucher à la main comment nos marchands ne jouissent pas de même liberté et égalité de commerce chez les Anglais, les Espagnols, que ceux-ci chez nous, » et il est difficile de le nier après avoir lu sa longue et vigoureuse dissertation.

S'il s'en prend d'abord aux Anglais et les aime peu, il dit pourquoi.

« Plusieurs grands maîtres de police, en plusieurs Etats — et quand je dirai tous en tous, je ne croirais pas mentir, — ont diligemment avisé et pourvu soigneusement aux moyens de s'accommoder de leur propre trafic, soit naturel ou artificiel, au préjudice des étrangers... Mais si quelque nation l'a restreint pour son profit, et comme resserré en d'étroites barrières, c'est sans doute la nation anglaise, et principalement en la ville de Londres, capitale du royaume où se fait le plus grand négoce du pays (page 23-24). »

Entrant dans les preuves (1), il établit que nos marchands

(1) Nos traités de commerce avec l'Angleterre portent les dates

ne peuvent importer d'outre-Manche aucune laine, ni peau
de mouton, ni étain. Sur d'autres marchandises dont l'achat
est permis, ils ont à payer des droits particuliers de sortie,
appelés coutumes d'étranger, au profit de la couronne, sans
préjudice des taxes dues à la compagnie privilégiée des
marchands de Londres. A l'entrée et à la sortie par mer,
d'autres impôts extraordinaires frappent nos marchandises.
A terre, les Français ne peuvent vendre en chambre, ni
trafiquer avec le forain ; ils sont tenus de donner caution,
d'employer les emballeurs du pays. Pour l'achat ils doivent
user du poids domestique du vendeur, et vendre au contraire au poids du roi, qui n'est plus le même ; ils ne peuvent réexporter en franchise les produits invendus ; ils
n'ont aucune exemption de charges dans les foires. Les
vins de France ne peuvent être vendus qu'à la compagnie
privilégiée, et encore après que le pourvoyeur du roi a
fait son choix au prix qu'il estime. Pour le chargement
des navires, le tour de ceux de France ne peut venir qu'a-
près l'entière expédition des navires anglais, en tête desquels passent ceux de la compagnie privilégiée. Sur tous
ces points les Anglais sont au contraire, en France, sur le
le pied d'égalité avec les Français.

Un fait peut résumer toute la situation.

« Il ne nous est permis de porter en Angleterre aucune
draperie à peine de confiscation ; au contraire, les Anglais
en pleine liberté apportent en France telles draperies qu'il

de 1475, 1518, 1546, 1559, 1572, 1606, 1610 ; ces deux derniers
avaient la prétention d'établir l'égalité réciproque de traitement.
(Voir le mémoire de M. Wolowski, dans le *Compte-Rendu de l'Académie* de 1860 à 1868, et MM. Michelet, Henri Martin et Poirson.)

leur plaît, voire en si grande quantité que nos ouvriers sont maintenant contraints, pour la plupart, de prendre un autre métier, et bien souvent de mendier leur pain (page 94). »

Dans le parallèle du traitement personnel, les incriminations de Montchrétien ne sont ni moins graves, ni moins décisives. Chaque Français, quand il entre en Angleterre, doit payer un tribut de cinq sols, et quand il en sort un de trente, tandis qu'en France les Anglais entrent et sortent sans qu'il leur en coûte rien. Les Français sont tenus de tester en Angleterre, faute de quoi les héritages appartiennent au roi, tandis qu'en France les biens des Anglais décédés sont remis gratuitement aux héritiers qui demeurent dans le royaume. En Angleterre, les Français sont surtaxés dans la taille personnelle, en leur qualité d'étrangers, tandis que les Anglais sont exempts en France de toutes tailles et subsides.

« Quelqu'un des nôtres, dit sur ce point Montchrétien, demandant à un Anglais pourquoi l'on nous traitait si cruellement en Angleterre : — D'autant, dit-il, que vous êtes étrangers ; — Et comme il lui eût répliqué, qu'on n'en usait pas de même à leur endroit en ce royaume, il répondit : si vous n'êtes point sages, sommes-nous tenus d'être fous (page 101)? »

Ce curieux questionneur était sans doute Montchrétien lui-même, à qui son séjour en Angleterre avait fait vivement sentir les coûteux et humiliants effets de l'inégalité de traitement. Parmi ces abus il cite les exactions d'une espèce d'officiers, appelés *Promoteurs*, chargés de la recherche des marchandises soupçonnées d'avoir échappé à quelque taxe, et la contrainte personnelle ou une caution exorbitante, mises à la discrétion de tout demandeur, sans contrôle et sans garantie, à la différence de la procédure française qui n'autorise ces moyens de rigueur, qu'après justification, ou sur témoignage, ou moyennant obligation.

La réforme que réclame Montchrétien ressort des faits même et n'a rien d'excessif : « que les Anglais finalement en tout et partout, soient traités en France de la même sorte que vos sujets sont en Angleterre, et ce, suivant le droit commun des gens (page 103). »

De là il passe aux Hollandais « nos alliés et bons amis (1) » qui ne donnent pas lieu à de telles plaintes. Leurs lois sont plus équitables, et, sans être redoutables comme industriels, ils méritent d'être imités comme commerçants et marins.

« Ces gens sont habiles, car ils accommodent fort à propos les choses à leur profit, et l'artifice leur est beaucoup plus favorable que la nature. C'est à quoi principalement on doit les reconnaître pour hommes; ils ne filent, sèment ni plantent, et si sont nourris et vêtus plus magnifiquement que nuls autres. Ils n'ont rien, et ont tout par le moyen de leurs diverses navigations (page 104). »

Vis-à-vis des Espagnols Montchrétien reprend le cours de ses critiques, en un langage rude et indigné sans doute, mais toujours appuyé sur des faits. Malgré les conventions (2), leurs commissionnaires ont libre accès chez

(1) En vertu de la politique traditionnelle de la France et du traité du 23 janvier 1608.

(2) Les traités de commerce avec l'Espagne portent les dates de 1526, 1559, 1598, 1604 : celui-ci mit fin à la guerre de représailles déclarée en 1603. — Dès le xiv⁰ siècle, Espagnols et Portugais avaient en France des immunités qui étaient refusées aux Fran-

nous, tandis que les nôtres sont tracassés chez eux, et la traite des Indes leur est interdite, Philippe II en ayant réservé le commerce à ses sujets, aux Espagnols celui des Indes occidentales, aux Portugais celui des Indes orientales. Sur les marchandises dont le commerce est permis, l'Espagne prélève, à l'entrée et à la sortie, des droits bien supérieurs à ceux qui frappent en France le commerce espagnol, et dont certains vont jusqu'à 100 p. 100 de la valeur : le taux de 25 p. 100 est commun, tandis que les tarifs français, appliqués au poids et non à la valeur, ne dépassent pas en moyenne, sauf pour les épices, le rapport de 2 1/2 p. 100, tant à l'entrée qu'à la sortie. L'exportation de l'or et de l'argent espagnols est interdite aux navires français, et bien que pareille défense existe en France, la conséquence est toute différente, ces métaux précieux, absolument nécessaires au commerce, ne pouvant être fournis que par l'Espagne, qui exploite sans mesure son monopole. Autrefois le roi d'Espagne permettait le transport d'argent, à 2 1/2 p. 100, par Barcelone, Alicante et Carthagène, et maintes fois il a été conseillé d'en prendre plutôt cinq et de l'accorder; mais il préfère la chance des confiscations dont la contrebande est punie. A ce conflit pour la circulation des métaux précieux, on entrevoit les guerres prochaines pour la possession des colonies.

De criantes inégalités signalent le traitement des personnes comme des biens, au préjudice des Français, dont le sort en Espagne rappelle, par quelques traits, les servi-

çais dans la Péninsule (Levasseur, *Histoire des classes ouvrières avant* 1789, t. I, p. 553.)

tudes de la barbarie. Ils sont soumis à l'inquisition et à toutes ses cruautés. Les équipages de leurs navires, et les navires même, sont en tout temps, dans les ports espagnols, à l'entière et libre disposition du souverain qui en use comme il lui plaît, moyennant quelque dérisoire indemnité; avec le même arbitraire, le roi d'Espagne s'approprie les agrès et vivres qui lui conviennent ; à l'occasion, il suspend de son plein gré le départ des navires français, dont les matelots, ennuyés de ces longues stations, s'enrôlent dans la marine espagnole. L'humiliation de ces exigences et avanies est accrue par les immunités reconnues aux Anglais et aux Hollandais, dont les représentants ont su faire respecter les droits de la nation et des citoyens, les personnes et les propriétés.

Ici encore la conclusion de Montchrétien est ferme sans devenir excessive, et s'élève à la hauteur des principes, dont l'invocation n'a pas cessé d'être opportune au regard de l'Espagne qui persiste à les méconnaître.

« Vos Majestés, pour la gloire de l'État et pour le bien de leurs sujets, peuvent à juste raison, équipoller les droits de leurs royaumes aux droits de l'Espagne, au regard des Espagnols; car pourquoi le roi d'Espagne lèvera-t-il plus sur nous en ses pays, que vous sur les siens aux vôtres? Le commerce étant du droit des gens doit être égal entre égaux, et sous pareilles conditions entre pareils. D'une part et d'autre, il le faut rendre totalement exempt de soumission et d'infamie, réciproquement libre et sans restriction de pays. Puisque toutes les provinces de la France sont ouvertes et libres à l'Espagne, pourquoi la plus grande et meilleure part des provinces de l'Espagne sera-t-elle close et interdite à la France ? Que peut-on alléguer contre cette équité naturelle (page 119)? »

Cette dernière revendication se rapporte aux Indes dont

Montchrétien réclame avec énergie le libre accès en faveur des Français, au lieu des persécutions, et souvent même de la mort, qui les y attendent. Le tableau de ces violences se termine par une énergique proclamation de la doctrine, essentiellement française, de la liberté des mers.

« Voilà comme l'on traite les sujets de Vos Majestés de l'une et de l'autre religion, au milieu de la mer, élément commun, et naturellement libre à tout le monde, et que vous pouvez rendre tel aux Français, les rétablissant en leur droit naturel, ancien et légitime, quand il vous plaira de l'entreprendre (page 124). »

En ces paroles Montchrétien associait fièrement la France aux savantes et récentes protestations de Grotius (1).

Le commerce du Levant, de tout temps fort important pour nos industries et pour le port de Marseille, suggère à notre auteur des réflexions un peu moins nettes et moins solides. Élevé dans la sévérité traditionnelle de la morale envers le luxe, il ne peut s'abstenir de le dénoncer « comme une peste publique, comme la ruine fatale des monarchies » en calculant tout l'argent que perd la France pour aller payer les soies, les perles, les pierreries de l'Orient « ces superfluités inutiles et de vaine pompe. » Mais comme sa raison d'économiste et son expérience industrielle lui ont révélé les profits que les industries de luxe peuvent fixer dans un État, il s'en accommode volontiers, ou plutôt il les conseille : « Vos Majestés peuvent remédier à tout cela par l'établissement des manufactures de soie en ce royaume et par les soins apportés à la production

---

(1) Le *Mare liberum* de Grotius est de 1608. — Voir sur ce sujet Cauchy, le *Droit maritime international*, tome I.

même de la soie dans le pays même. » L'instinct de l'intérêt public l'emporte, comme on voit, sur une logique à vues trop étroites. Un succès, soutenu et accru pendant deux siècles et demi, a justifié contre les méfiances de Sully, les volontés de Henri IV, les leçons d'Olivier de Serres et les conseils de Montchrétien. A une pratique aussi heureuse correspond sans doute une théorie correcte sur le luxe, quelque peu différente de celle qui a cours; mais c'est à peine si elle est fixée de nos jours.

Justement sévère envers les traités de commerce conclus à notre détriment, notre auteur n'est pas moins franc vis-à-vis de nos mœurs, qui se font complices de nos lois, en exagérant ce noble instinct de sociabilité confiante qui est l'un des traits et l'une des forces du caractère national.

« Je ne saurais passer plus avant, sans m'émerveiller de nos mœurs et façons de faire. A peine l'un des nôtres, connu par ses facultés, trouvera-t-il quelque légère somme à l'emprunt, sans caution. On apportera tant de délais et de considérations, avant que de lui prêter, que bien souvent il perdra l'occasion de son dessein, et qu'elle s'empirera. Et s'il vient quelque inconnu parmi nous, pourvu qu'il fasse bonne mine seulement, nous lui baillerons notre bourse à garder, sous le seul gage de la foi étrangère (page 41)? »

En pensant aux récents entraînements des capitaux français vers l'étranger, il faut bien avouer que notre aveugle confiance n'a guère changé!

Dans toutes ses vues de réformes Montchrétien ne manque pas de se préoccuper du revenu royal, qui devait être le principal souci des Majestés auxquelles son discours est censé s'adresser : de tous les arguments c'est d'ordinaire le plus persuasif. Aussi fait-il valoir l'accroissement qui en résultera pour le trésor, moins encore par les perceptions directes des taxes, que par l'heureux contre-coup de la prospérité publique. Peut-être la solidarité entre les finances publiques et les finances privées n'avait-elle jamais été affirmée avec une clairvoyance plus pénétrante.

« Le roi, qui a l'amitié de son peuple, a la finance des finances, et le trésor des trésors... Vous n'avez point de meilleure épargne, ni de plus sûre que la richesse qui demeure ès-mains de vos seigneurs et gentilshommes, de vos marchands et laboureurs ; faites qu'elle soit grande, faites-leur trouver les moyens de s'enrichir, soit par l'acquisition, soit par la conservation, et vous êtes vous-même riche ; et les deniers naissant journellement de leurs labeurs, comme des sources inépuisables, fourniront incessamment à vos dépenses publiques et particulières, ne plus ne moins que le cours de l'eau donne aux fleuves une durée perpétuelle. (page 131). »

La politique de nos jours pourrait-elle mieux dire?

Revenant sur le commerce de son temps, Montchrétien en suit les mouvements, en indique l'importance et la direction ; et chemin faisant, il retrace quelques souvenirs, qu'il n'est pas inutile de rappeler, comme des titres d'honneur pour le caractère national dans les temps passés, comme des ressorts d'émulation pour l'esprit des entreprises lointaines de la paix, qui conviennent au génie commercial de notre époque.

D'après Montchrétien, il y a quarante ans (cette date se rapporte à l'année 1575, sous Henri III), les Anglais n'avaient aucun commerce, ni en Turquie, ni en Barbarie ; ils fréquentaient seulement Hambourg et Stode (Stade en Hanovre), où était leur étape. Ce furent deux jeunes hommes de Marseille, le patron Antoine Girard et Jean

Durand, qui leur donnèrent, à Londres, les premières ouvertures de ces pays éloignés, et de plus y pilotèrent et
guidèrent leurs premiers navires : ce fut le point de départ
d'une compagnie à monopoles, d'où les autres sortirent en
peu d'années, et des ambassades que l'Angleterre envoya
dès lors à Constantinople, en Barbarie, en Moscovie. —
Marseille a peut-être oublié le grand service que deux de
ses enfants rendirent jadis à Londres, devenue rapidement
son heureuse rivale !

Les Hollandais ont reçu de nos marins et commerçants
une pareille initiation, et nous ont de même rapidement
supplantés au Sénégal, en Guinée, sur les côtes de Barbarie, même au Canada.

Affligé de ce déclin de notre commerce extérieur, — dont
la principale responsabilité remonte à nos guerres civiles
et religieuses, à jamais déplorables, — Montchrétien se
reporte avec consolation sur deux branches d'industrie
commerciale et maritime, dont l'exploitation lui semble
moins facile à disputer à nos nationaux : la pêche de la
morue et celle du hareng. Après quelques conseils sur les
règlements les plus favorables à la conservation du poisson, et où, suivant la tendance française, il incline à
l'excès de précautions, il fournit de précieux aperçus sur
l'importance qu'avait acquis, dès lors, le négoce de la
morue, familier depuis plus d'un siècle aux Basques, aux
Normands et aux Bretons. La pêche de ce poisson occupait plus de six cents navires ; faisait vivre, par divers travaux, plus de vingt mille personnes ; enrichissait les
laboureurs et les marchands, qui fournissaient les appro-
visionnements et les armements : c'était l'école où la

plupart des matelots faisaient l'apprentissage de l'art maritime « car après avoir été deux ou trois voyages aux
Terres-Neuves, ils se hasardent sans doute avec plus de
science et d'expérience aux autres voyages de long-cours. »
Sur ce point la tradition nationale s'est mieux maintenue
que sur d'autres.

Au grand et patriotique chagrin de notre auteur, les
Français après avoir longtemps tenu le premier rang dans
la pêche et le commerce du hareng, n'ont pas su le garder
aussi bien que pour la morue ; ils se les sont laissé ravir
par les Hollandais, qui déploient dans ce genre d'entreprise une remarquable habileté, dont le *Traité de l'Economie politique* fournit les curieux détails. Pour reprendre
nos avantages, il faut ou leur interdire l'accès de nos côtes,
ou grever leurs poissons d'une surtaxe ; et en outre établir
pour la vente du sel un régime mieux entendu, plus
libéral comme nous dirions. Et le mot convient bien à la
doctrine fiscale de Montchrétien. Après avoir apprécié les
principaux emplois du sel :

« Je me laisserai à dire, continue-t-il, que si Vos Majestés
permettaient de tirer le sel en liberté, comme une autre marchandise, sans le mettre en ferme, pouvant ainsi, celui qui
le voudrait, donner à meilleur marché en vendre le plus.....
Vos sujets seraient soulagés des mauvais traitements qu'ils
reçoivént à cette cause, car on ne reconnaît depuis longtemps
que trop, et par trop de lamentables expériences, comme
partisans, fermiers, archers, péagers, voituriers, contrôleurs,
grenetiers, regratiers, et jusques aux moindres détailleurs,
trouvent tous les jours nouveaux moyens, par diverses inventions, d'y faire profit à la ruine de tous vos peuples
(page 146). »

Ces vues tirées de l'ordre le plus pratique, notre écono-

miste se plaît à les rattacher au plan de l'ordre général : ses conseils sur le gouvernement de la France, échos
de la sagesse antique, expression de la science moderne,
se résument dans cette pensée d'une remarquable élévation :

« Vous n'avez que ce moyen pour faire accorder votre gouvernement à l'harmonie universelle du monde (page 147). »

Ramené par le cours de ses recherches aux éléments
fondamentaux du commerce de la France, Monchrétien les
apprécie avec une rectitude étonnante pour un temps où la
vogue des métaux précieux, si juste d'ailleurs dans sa
mesure, troublait tant les esprits. Dans le royaume de
France il découvre cinq sources inépuisables de richesses
naturelles, de vraies mines (1), comme il les qualifie : le
blé, le vin, le sel, les laines, les toiles. Au lieu que les
minières étrangères se vident en peu d'années, et ne peuvent renaître qu'en plusieurs siècles, celles-ci durent et se
renouvellent d'elles-mêmes tous les ans. L'étranger va
chercher les autres au centre de la terre, pour les échanger
contre les nôtres qui lui sont d'absolue nécessité..... Les
plus grands trésors viennent toujours, où il y a plus de
choses nécessaires à la vie, bien qu'il n'y ait minière ni
d'or ni d'argent (pages 150-151).

Mais son admiration passionnée pour son pays l'emporte hors du vrai, lorsqu'il assure que la France peut se
suffire, qu'elle est assez riche de son propre fonds, sans
rien emprunter à ses voisins, que nous pouvons nous

---

(1) Cette analogie était du reste accréditée; on la trouve dans
Bodin, Marc Lescarbot, Sully : notre auteur a seulement le mérite d'en démontrer la vérité.

passer de toute chose exotique, peut-être même des drogues médicinales et aromates ; « que ce qui est étranger nous corrompt... » Par ses exagérations il paie tribut à la doctrine régnante alors et longtemps après, que l'art suprême de l'économie, privée ou publique, consiste à beaucoup vendre et peu acheter : problème évidemment insoluble, pour ne pas dire contradictoire en ses éléments, et qui a rendu cependant le service d'exciter au travail et à l'épargne les gouvernements et les populations qui s'y montraient peu disposés. Tout en inclinant vers cette pente avec quelque excès, Montchrétien se défend, par une sorte d'heureuse inconséquence, du culte des métaux précieux qui a, si longtemps après lui, présenté la balance du commerce, appréciée d'après le solde en monnaies, comme l'unique mesure de la prospérité des États.

« Ce n'est point l'abondance d'or et d'argent, la quantité de perles et de diamants qui fait les États riches et opulents : c'est l'accommodement des choses nécessaires à la vie, et propres au vêtement : qui plus en a, plus a de bien. Quand des pistoles ne rempliraient pas nos coffres, qu'importerait, si comme à nos pères, les choses coûtaient peu, les ayant toujours en abondance ?... De vrai nous sommes devenus plus abondants d'or et d'argent que n'étaient nos pères ; mais non pas plus aisés et plus riches (page 154). »

Malgré ses préférences pour le commerce intérieur, Montchrétien a un trop juste et vif sentiment des destinées de la France pour vouloir enfermer l'activité de ses compatriotes dans le cercle de nos frontières. Au contraire il les pousse dans les voies glorieuses et profitables qu'avaient ouvertes les Espagnols et les Portugais, principalement vers l'Orient. « Comment se fait-il que nous n'ayons point

7

voulu participer à tant de conquêtes si faciles, qui nous
étaient si légitimement dues, à tant d'ouvertures de com-
merces qui nous étaient aussi commodes et plus utiles
qu'à nuls autres? » Et les noms de Thémistocle et de
Miltiade, si souvent évoqués par les généreuses ambitions,
lui reviennent en mémoire, avec les noms des princes qui,
aux divers âges de l'histoire, ont tourné leurs pas vers
l'Orient, et celui des peuples qui s'y sont établis : à ces souvenirs tombe son dédain pour les marchandises exotiques,
et il déclare aux Majestés royales qu'elles ne sauraient proposer à leurs sujets de trafic plus beau, plus grand et plus
utile que celui des épiceries, dont jamais État ne s'est ac-
commodé qu'avec grand et signalé profit (page 165). Sous
sa plume revivent alors toutes les traditions sur les routes
suivies par ce genre de commerce depuis l'époque de la
guerre de Troie jusqu'à la république de Venise : d'abord
la mer Rouge et l'Egypte; puis l'Asie centrale et la mer
d'Azof ou la mer Noire suivant les temps; plus récemment
le golfe Persique et la Syrie : autant de voies d'enrichisse-
ment pour les républiques de Gênes, de Venise, de Florence. Pour donner à ces pages une couleur toute moderne,
il n'y manque même pas le nom de Suez et le tracé du
canal, renouvelé des Pharaons, qui devait relier ce port au
Nil.

A ces tableaux s'entremêle celui des compagnies finan-
cières et commerciales qui ouvrirent ou suivirent ces routes.
Montchrétien les approuve « car un particulier, quelque
opulent qu'il soit, ne le (ce trafic) saurait longtemps soutenir tout seul : outre que les choses se font plus sagement et
sûrement qui sont dressées et conduites par le conseil de

plusieurs, ayant même intérêt et même force, que par le mouvement d'un seul, qui s'aveugle bien souvent de sa propre autorité, et ne veut en rien être contredit (page 172).» Il propose aux Français pour modèle la compagnie hollandaise des Indes orientales, dont il retrace les origines, les statuts, les opérations. Par de telles entreprises le royaume de France deviendrait bientôt plus grand, plus fort et plus florissant. Pour de tels résultats, il est permis de recourir aux libéralités, aux priviléges et immunités, quoique le prince doive garder « ses mains pures et nettes, pour éviter en tout et partout qu'il ne vienne du trafic au monopole... et que pour faire le bon marchand, il n'oublie d'être roi (page 175-176). »

Les gentilshommes doivent-ils être autorisés à entrer dans ces sociétés, consacrées au trafic, ainsi que la noblesse en avait exprimé le vœu aux Etats-Généraux, en même temps que le Tiers-Etat demandait que les marchands fussent admis aux charges de magistrature? Contrairement à ce que nous aurions attendu d'un esprit aussi judicieux, qui a vu quel concours les nobles anglais apportent aux entreprises commerciales de leur nation, Montchrétien, qui lui-même s'y est engagé, se prononce « pour que chacun demeure en sa place et garde son ordre. » Ainsi l'avaient décidé en effet les États de 1614 (1), bientôt désavoués sur ce point, par Richelieu et ses successeurs, élevant leur génie au-dessus des préjugés traditionnels, sans donner toutefois à la noblesse de France l'habileté en

(1) Augustin Thierry. *Essai sur l'Histoire du Tiers-Etat*, Etats-Généraux de 1614.

affaires qui caractérisait l'aristocratie anglaise et la bourgeoisie hollandaise. Peut-être la crainte que les nobles
n'obtinssent plus de faveurs qu'ils ne rendraient de services,
comme l'expérience le prouva trop souvent, suggérait-elle
à Montchrétien sa préférence en faveur du régime établi !
Dans le même esprit de conservation politique, il est d'avis
que les marchands ne doivent pas être admis aux charges
de la judicature, ni anoblis (page 178). » Cependant le
dédain n'est pour rien dans cette opinion, car il ajoute :

« Si toutes choses étoient remises en leur ordre, la qualité
de bon marchand seroit plus honorable qu'elle ne fut jamais.
Les hommes font estimer les professions ; et quand tout va
comme il faut, on les distingue et reconnoit par leurs
propres marques (page 179). »

La police du commerce termine le second chapitre du
Traité de l'Economie politique : la matière ne manquait
pas aux réglements, sous le régime des maîtrises, pas plus
qu'aujourd'hui sous le règne de la liberté, à en juger par
les reproches que Montchrétien adresse à ses concitoyens.
Possédés d'une avarice insatiable, ils augmentent le prix
du blé et des vivres ; ils diminuent la mesure et falsifient
le poids ; ils acquièrent l'héritage des pauvres pour peu de
chose ; ils vendent bien cher de mauvaises marchandises
(page 183). A ces abus et ces fraudes le prince doit chercher des remèdes, que Montchrétien, faut-il s'en étonner !
demande à l'esprit de son époque plutôt qu'aux libertés
de l'avenir et aux lumières de la science. Ce seront de
sévères châtiments contre « les *proviseurs* de greniers, qui
ramassent tous les blés d'un pays sans en vouloir accommoder le peuple, et les transportent à l'étranger. Emporté

par l'indignation, son langage devient d'une âpreté bien incisive :

« Que l'on étouffe comme un amas de chenilles ces petits traîneurs de sacs, coureurs de marchés, acheteurs de blés en herbes, maquignons de dîmes, épieurs de paysans, tricoteurs de poches et monopoleurs de denrées, qui mettent la cherté partout où ils trafiquent, et que l'on peut dire être les vrais hannetons qui dévorent toute la substance et nourriture du peuple (page 186). »

Vient le tour des propriétaires et marchands de vin, « qui les brouillent à toute heure, les frelatent, tracassent et changent du soir au matin, — et des fonctionnaires en charge « qui participent aux entremises et négociations des marchands ; » — et des magistrats qui ont leurs mouchards et proviseurs à gages pour découvrir et acheter tout autant de blé et de vin qu'ils en trouvent ès-caves et greniers de leur ressort ; — et des fournisseurs de toute sorte qui vendent à crédit aux laboureurs et vignerons ; — et de diverses autres classes de trafiquans, dont les manœuvres sont peintes avec une verve qui ne rehausse pas l'idée honnête qu'on aime à se faire du bon vieux temps. Son indignation ne respecte même pas les gros fermiers des principales terres seigneuriales et monastiques, qui tiennent tous les plus beaux greniers du royaume, et en abusent pour opprimer le menu peuple, sujet et censible des seigneurs, trop souvent avec la connivence ou la négligence des magistrats.

Aucune profession n'échappe à ses censures, qui accusent successivement : les meuniers « dont chacun sait combien leur conscience est large ; » les fripiers, les drapiers, les marchands de soie, les orfèvres, les grossiers (épiciers) et droguistes, les tisserands et teinturiers, sans épargner ses confrères, les artisans en métaux. En homme versé dans la pratique des arts usuels, Montchrétien appelle toutes choses par leur nom technique, et pénétrant dans le détail des procédés frauduleux, il fournit de précieux renseignements à l'histoire des falsifications. Dans ces pages, empreintes d'une honnêteté profonde, non toutefois sans quelque exagération probablement, l'économie politique naissante s'allie résolûment avec la morale, et d'avance décline toute complicité avec ces doctrines trop timorées, venues plus tard, qui se croient obligées, par égard pour la liberté et la concurrence, à s'abstenir de toute critique des désordres de l'état social, comme si l'admiration due au corps humain était compromise par l'aveu de ses maladies et infirmités.

Afin d'inspirer à Louis XIII une juste estime de la police, c'est-à-dire de l'ordre et de la sécurité dans le royaume, Montchrétien invoque l'histoire, la raison, l'intérêt public. Avec une fermeté qui, en ces temps, était plus qu'aujourd'hui une hardiesse d'esprit, il élève de nouveau le travail et la paix au-dessus de la guerre : c'est l'honneur de la science économique de n'avoir jamais dévié de ce langage dont nous aimons à découvrir l'origine, sous sa bannière, en France, au lendemain du règne de Henri IV, de ce souverain qui grandit, d'âge en âge, devant la postérité, pour son génie dans la paix plus encore que pour ses talents dans la guerre.

V. — LE LIVRE SUR LA NAVIGATION.

Après avoir, dans son chapitre sur le commerce, touché
à la navigation, Montchrétien consacre à cette nouvelle
branche de l'économie politique appliquée tout un chapitre, où l'on croit lire le programme des grandes et prochaines entreprises de Richelieu d'abord, plus tard de
Colbert, tant le sujet est traité avec ampleur, solidité et
patriotisme. En voici les divisions :

De la navigation et de ses utilités.

De plusieurs voyages et entreprises faites par les
Français, Espagnols, Portugais, Anglais et Hollandais en plusieurs lieux.

Du besoin que cet Etat a de se fortifier par mer.

Des saillies des anciens Gaulois et de leurs peuplades.

Des colonies et des commodités qui peuvent en
revenir.

Du passage en la mer du sud pour trafiquer au
Cathay, la Chine et le Japon.

Se plaçant, dans tout son *Traité*, au point de vue exclusif de la France, Montchrétien interroge tour à tour l'histoire, pour lui demander les titres du génie national à la
carrière maritime et coloniale; la politique, pour apprendre
d'elle quels sont sur la scène du monde les intérêts extérieurs et lointains de sa patrie; la géographie enfin pour
découvrir comment la nature encourage notre juste et
haute ambition maritime; et sur ces divers points l'enquête qu'il fait, les conclusions qu'il en tire s'accordent

si bien avec les principes économiques qu'aujourd'hui encore il n'y a rien à en désavouer.

Dès les premières pages s'accuse avec énergie la foi raisonnée de l'auteur dans l'immortelle destinée de la France.

« Combien de secousses horribles a souffertes cet Etat, depuis que les premiers fondements en furent jetés ! Pas une chute toutefois. Il a été battu, non point abattu ; incliné, non jamais renversé (1). Semblable à ces grands chênes secoués des vents et des orages, qui demeurent toujours fermes sur leurs racines, aussi profondes en terre, comme les branches en sont haut élevées dans le ciel (page 180). »

Un moment l'on craint que notre économiste n'ait faibli dans son culte exclusif des arts de la paix : c'est quand il dit :

« Quoique l'on pense, il n'y a moyen plus sûr et plus expédient pour entretenir un peuple naturellement courageux en l'exercice de la vertu, en la pratique du devoir, que la crainte d'un ennemi guerrier ou l'occupation au labeur de quelque grande et pénible entreprise (page 230). »

Et l'auteur développe à grands traits tout ce que la guerre promet de gloire ; mais ce prélude solennel n'a d'autre but que d'enflammer la jeune âme de Louis XIII d'une haute et noble ambition, car il n'aboutit qu'à recommander l'essor de la navigation.

« C'est pour cet effet, Sire, que la navigation vous doit être surtout recommandable. C'est la plus belle chose du monde aussi bien que la plus aventureuse (page 190). Il y a fort peu de nations belliqueuses qui aient négligé cette partie nécessaire à la grandeur, à la richesse et à la gloire des Etats (page 199). »

(1) La devise : *Fluctuat nec mergitur*, de la ville de Paris se présente naturellement à l'esprit.

Et à l'appui de ces justes définitions il déploie toute son érudition, depuis l'arche de Noé jusqu'à la découverte du Nouveau-Monde, sans oublier nos ancêtres :

« Parlant des nations qui se sont adonnées à la marine, ce seroit faire tort aux vieux Français, si experts et pratiques en cet art, si nous ne les mettions en ligne de compte, ayant mêmement acquis si grande gloire et réputation par leurs voyages (page 196).»

Ces voyages, Montchrétien les énumère et raconte avec complaisance. Partis du territoire placé entre l'Elbe et le Rhin, les Français coururent les mers et les terres, se portant tour à tour en Flandre, en Bretagne, en Espagne en Italie, en Grèce, dans l'Asie-Mineure, en Afrique, en Sicile. Les Saxons, les Danois, autres rameaux de la même branche germanique qui rejoignirent les Francs en Gaule, n'avaient été ni moins intrépides ni moins heureux dans leurs excursions maritimes.

Quant aux Gaulois, ils ont, au témoignage de Xénophon, les premiers, bâti, équipé et conduit des vaisseaux; les premiers, ils se sont fait redouter et connaître par mer aux autres peuples de la terre ; les premiers ils ont gagné et possédé l'empire des ondes. Pausanias, Athénée, Aurélius Victor, les plus célèbres historiens sont appelés en témoignage. Sur les détails, la science moderne, avec son érudition plus sévère, a dû redresser beaucoup de ces réminiscences qui avaient cours au xviiᵉ siècle, mais sans en changer le caractère et la direction (1).

« A qui voudra regarder de près, conclut-il de cette revue

(1) Amédée Thierry, *Histoire des Gaulois;* Michelet, Henri Martin, *Histoire de France.*

de l'histoire, il y a de quoi s'étonner de nous voir maintenant si éloignés des entreprises et desseins de mer : sommes-nous Français? sommes-nous Gaulois (page 198)? »

Sincère du reste avant tout, l'auteur reconnaît aux Espagnols et aux Portugais le mérite d'avoir, en fait de navigation, « emporté le prix et l'avantage sur les modernes, plus toutefois pour avoir mieux et plutôt reconnu ses profits et ses commodités, que pour avoir excellé particulièrement en courage, adresse et dextérité, naturelle ou acquise (page 200). » Il nomme avec complaisance quelques-uns de leurs chefs découvreurs... Au compte de l'Espagne, le Génois Christophe Colomb, Fernand Cortez, François Pizarre, Pietro Almagro, le portugais Magellan, Améric Vespuce, Juan de Vadillo, Saavedra; au compte des Portugais, les rois Jean Ier, Don Henri, Don Alfonse, et les marins Vasco de Gama, Alfonse d'Albuquerque.

Mais il n'a garde « étant en ce discours, de nous faire tort à nous-même, en taisant les noms de ceux qui ont entrepris de notre part. »

Et il rappelle des souvenirs, trop oubliés déjà de son temps, parce qu'ils s'étaient perdus dans la confusion des guerres civiles, et que notre siècle n'a pas encore évoqués avec un souci suffisant de sa gloire nationale. Sans remonter plus haut que le règne de François Ier, il trouve à citer : le florentin Verazzano, « pilote diligent, hardi, industrieux, » qui, sur le commandement et aux frais de ce prince, découvrit la « neuve France, » et principalement la côte de la Floride; — le chevalier Villegagnon qui alla au Brésil, qu'il nomma *la France antarctique ;* celui que

La Boétie louait d'avoir procuré un nouveau monde aux peuples fuyant la persécution :

Providisse novum populis fugientibus orbem (1);

Jacques Cartier enfin, qui le premier pénétra au Canada.

A ces noms son impartialité associe ceux des navigateurs anglais, qui se portèrent principalement dans les régions septentrionales, à la recherche du passage vers la Chine par le nord-est ou le nord-ouest, et ensuite les navigateurs hollandais « qui seuls ont plus de vaisseaux que tous les autres peuples de notre connaissance. »

Si les Français se sont laissés dépasser par les quatre peuples voisins et rivaux, quelles en sont les causes? Après les troubles civils et religieux « qui nous ont beaucoup divertis de ce que nous eussions pu, si nous eussions voulu, » Montchrétien signale une influence qui n'a pas cessé d'agir dans quelque mesure, pour nous tenir à l'écart des voyages pénibles et des lointaines expéditions : « l'abondance de toutes choses nécessaires. »

« L'aménité des lieux où nous naissons, l'éloignement de la mer, le commerce d'un air doux et salubre, la délicatesse du boire et du manger : l'usage et la commodité de ces choses est cause que nos hommes ont peu entrepris par mer, ou peu fait au prix des autres, ou que voulant y tenter quelque chose, nous avons été contraints d'emprunter l'industrie des étrangers (page 203). »

Ce n'est pas cependant que nous ayons manqué d'entreprises; et aux noms déjà cités vient se joindre celui du normand Jean de Béthencourt qui, dès le commencement

(1) *Œuvres complètes de La Boétie*, Ed Feugère, Ode à Bellot et Montaigne, p. 359.

du xv° siècle, aborda les Canaries sur les instructions d'Urbain de Braquemont, amiral de France, mais les conquit pour la couronne d'Espagne.

Revenant aux droits et aux intérêts de la France, le *Traité de l'Economie politique* retrace, avec des détails qu'il avait omis dans un premier aperçu, les actes de nos rois, les découvertes de nos marins, les établissements de nos colons. De ses récits, nous ne voulons dégager que les idées politiques ou économiques.

Envoyé de nouveau dans l'Amérique du nord, Verazzano périt dans un second voyage.

« Ce fut à la vérité un grand dommage pour la France : car il y a bien de l'apparence que, si en ce temps l'on nous eût donné de l'exercice dehors, les troubles et les schismes suscités en ce royaume, eussent par ce moyen été suffoqués dès leur naissance, et tous nos malheurs eussent avorté. Mais nos destins ne le portaient pas ainsi. Quels pays au reste n'eût-on peuplé de douze millions d'hommes pour le moins, consommés durant nos guerres! Ne revenez jamais, temps prodigieux où les pères délaissent le soin de leurs enfants!... Il n'y a rien qui dénature tant les hommes que les guerres civiles... Elles font naître la barbarie au milieu de la civilité, font dégénérer les hommes de l'humanité (page 212). »

A propos de Jacques Cartier (1534), Montchrétien rappelle avec vérité que ses découvertes au Canada furent provoquées, entre autres motifs, par la recherche du passage du nord-ouest,— un but que poursuivit aussi plus tard Champlain,— ce qui engagea de bonne heure la France dans les voyages aux régions arctiques où son pavillon conçoit aujourd'hui le noble dessein de reparaître avec un éclat nouveau (1).

(1) Par l'expédition au pôle Nord de M Gustave Lambert.

Cependant la plupart de nos autres entreprises maritimes avortèrent ou échouèrent pareillement : celles de Roberval, vers la Nouvelle-France (1542), de Jean Ribaud et de Laudonnière en Floride (1562 et 1564), l'un et l'autre vengés par Dominique de Gourgues (1567). A ces entreprises, notre historien de la colonisation ne manque pas de rattacher le nom de l'amiral de Châtillon (Coligny), qui les inspira : grand citoyen autant que zélé protestant, Coligny comprenait mieux que personne de son temps, que la paix de la France pouvait être assurée par une issue donnée à ces courants religieux et politiques, qui s'entre-choquaient violemment dans le royaume. La fatalité en décida autrement, par un défaut peut-être de notre caractère, si Montchrétien dit vrai dans ces lignes, qui ne seraient pas sans application même de nos jours (1).

« Nous avons cette coutume de commencer assez bien,

(1) Sully donnait, de son éloignement à l'égard des entreprises coloniales, des raisons moins exactes, quand il se faisait dire par ses secrétaires :

Lorsque Henri IV encouragea « la navigation du sieur De « Monts pour aller faire des peuplades au Canada, ce fut du tout « contre votre avis, d'autant, disiez-vous, qu'on ne tire jamais « de grandes richesses des lieux situés au-dessous de 40 degrés. » (OEconomies royales, t. II, p 182.)

En une autre circonstance, il invoque des motifs plus spécieux que solides. Il encourage des campagnes maritimes vers les Indes orientales et occidentales « sans néanmoins devoir prétendre pour « nous la conservation et possession de telles conquêtes, comme « trop éloignées de nous et par conséquent disproportionnées à la « cervelle des Français, que je reconnois à mon grand regret n'avoir « ni la persévérance, ni la prévoyance requises pour de telles « choses. Ils ne portent ordinairement leur vigueur, leur esprit « et leur courage qu'à la conservation de ce qui les touche de « proche en proche et leur est incessamment présent devant les mais d'achever toujours mal. C'est que la fin n'est jamais, comme elle devrait, la première en notre entendement. Plût à Dieu que nous pussions pratiquer ce beau précepte de Salluste, historien romain ! Devant que de mettre la main à l'œuvre, consulte bien et sérieusement, puis travaille, en prenant justement le point de l'occasion et du temps. Nous ferions des merveilles, si cela était, car rien ne peut tenir contre notre valeur, et si par prévoyance nous pouvions assurer ce que par courage nous pouvons conquérir, la rondeur de la terre serait bientôt la couronne de France (page 220). »

De ces récits, la conclusion ressort naturellement, et le *Traité de l'Economie politique* la met dans tout son jour, en proposant Ferdinand et Isabelle pour modèles à Louis XIII et à sa mère. Les raisons invoquées à l'appui d'un système d'expansion lointaine par la navigation et la colonisation, sont au surplus excellentes, et non moins solides aujourd'hui que sous Louis XIII.

« Il faut bien s'empêcher de laisser éteindre en la langueur du repos et de l'oisiveté cette générosité naturelle à vos peuples, à laquelle les difficultés sont comme des appâts, les périls comme des amorces. Le principal et plus important de l'affaire est de leur donner un objet qui soit beau et utile, honorable et profitable tout ensemble, un sujet digne de votre jugement et de leur valeur. C'est à vous à le choisir (page 229). »

Le choix ne peut porter que sur des expéditions ou de guerre ou de paix. Sans déprécier la guerre, elle a bien des

« yeux, comme les expériences du passé ne l'ont que trop fait « connaître, tellement que les choses qui demeurent étrangères ne « nous seront jamais qu'à grande charge et peu d'utilité. » (Lettre du 28 février 1606 au président Jeannin. — Négociations du président Jeannin, coll. Petitot XIII, p. 209, citée par M. Wolowski.)

risques et des difficultés. La pratique de la milice sur terre,
l'usage de la fortification, l'industrie du logement, la tac-
tique et autres choses requises tant à la conduite de
armées qu'au succès des batailles, ont atteint un tel degré
de perfection, qu'il faudrait maintenant, pour acquérir un
pouce de terre sur son voisin, répandre une mer de sang;
un méchant rempart de fascine et de gazon se défend
mieux et plus longtemps que jadis la plus grande et puissante cité. Il faut donc, pour acquérir le titre de conqué-
rant, changer de méthodes et de lieux, se tourner vers la
mer, à l'exemple de nos voisins.

« Je dirai librement ici ce qui en est. Rien ne cause tant
d'audace et d'insolence aux étrangers, non-seulement chez
eux, mais chez nous-mêmes, non-seulement en mer, mais
en terre ferme, que ce qu'ils nous reconnaissent leur être
inférieurs en équipage et puissance de mer. A la vérité une
armée de terre bien dressée, bien conduite et bien ordonnée,
en un mot telle que Vos Majestés la doivent et peuvent toujours avoir, pour la gloire et sûreté de ce royaume, est capable de faire trembler toutes les nations circonvoisines,
celles principalement que l'on peut aborder de pied ferme ;
mais aussi faut-il confesser qu'une flotte bien équipée, bien
avitaillée, bien commandée, outre l'assurance qu'elle porte
au dedans des pays par la défense du dehors, est encore
plus propre à porter en peu de temps, jusqu'en l'Orient
et l'Occident, les armes et la terreur d'un grand et puissant
monarque (page 240). »

Des vues, aussi étendues que justes, ne dérivaient pas,
dans l'esprit de Montchrétien, d'une ambition irréfléchie :
elles reposaient sur une saine appréciation de la condition
géographique de la France.

« Aux deux extrémités de ce royaume sont placées deux
mers comme deux larges portes, pour saillir sur les deux

bouts du monde, deux issues par lesquelles un peuple généreux peut porter l'oriflamme de lis en toutes les provinces de
la terre. Beaucoup de gens y sont disposés et s'y disposent
tous les jours; mais c'est à la royauté à reconnoître, pré-
parer, encourager par son propre exemple ces grandes entreprises. Employez-y, ose-t-il dire au roi et à la reine, vos
royales pensées, travaillez-y donc de votre propre main ; car
elle y est requise (page 241). »

L'idée générale ainsi déterminée, Montchrétien passe en
revue les moyens d'action avec une sagacité qui ne fléchit
pas : la juridiction maritime, la police et l'entretien des
ports, la formation des équipages sont tour à tour exa-
minées et appréciées.

La procédure en usage dans l'Amirauté prend aux marins trop de temps et trop d'argent : il y a là trop de
« chicaneries » qu'il faut abolir « pour ne pas leur soustraire le peu de bien qu'ils gagnent avec tant de peine et
de péril. » Les différends survenus entre marchands et
mariniers doivent être sommairement vidés.

Après le soin de la juridiction vient celui des ports, qui
relèvent surtout du prince, de même que les fleuves,
ponts, chemins, chaussées, etc..., comme étant les for-
teresses de ses côtes, les étapes du commerce, les boule-
vards de l'Etat, et parce que d'eux dépendent plus que
de toute autre cause, la richesse et la splendeur des villes
maritimes, le trafic et la commodité des autres cités du
royaume. La France possède déjà des ports beaux et commodes, mais qui se peuvent rendre de beaucoup meilleurs
avec une dépense modérée. Il s'en trouve d'autres aux
rivages de Normandie, de Bretagne et de Guyenne, où la
nature n'attend qu'un peu de secours de l'art, pour y re-

cevoir de grandes flottes et des vaisseaux de tel tonnage
que l'on voudra. C'est à ces travaux surtout qu'une dépense royale mérite d'être appliquée (page 247), et non,
pense notre auteur,— qui sur ce point a été désavoué par
la postérité (1), — à des entreprises telles que le canal de
Briare qui, à l'entendre, aurait été dû à l'appétit et au
mauvais conseil de quelques particuliers (page 247) sans
profit pour le public : vous avez deux mers, emplissez-
les de bons vaisseaux pour les garder ; entretenez soigneusement ceux qui déjà s'y trouvent tous prêts, accroissez-en
le nombre où besoin sera (page 248). Non-seulement les
vaisseaux et les ports donnent de l'emploi à des multi-
tudes d'hommes, et accroissent la richesse de l'Etat ; mais
ils fortifient les frontières de mer, et en gardent l'accès
contre l'ennemi. Faute de ce genre de défenses, que
Charlemagne avait commencé d'établir, mais qui furent
négligées par ses successeurs, les Normands ont envahi
la Neustrie, les Anglais ont pu faire maintes descentes et
s'emparer de plusieurs provinces. « Il est toujours plus
facile de forclore que de jeter dehors (page 249). »

Que l'on ne s'effraie pas de la dépense ; il suffira de
faire construire et d'armer une douzaine de vaisseaux,
« d'où la discipline coule et s'insinue en tous les
autres. »

L'accroissement de puissance qui en résultera, Montchrétien l'établit d'après d'anciens exemples, et il ajoute :

« Mais nous n'avons que faire de recourir à l'antiquité

(1) Voir l'*Histoire de Henri IV*, par M. Poirson, t. III, p. 437,
2ᵉ édit., in-18.

8

pour faire foi de ce que nous prétendons, ayant à nos portes, de nos jours, et devant nos yeux, les Hollandais, lesquels expérimentent, et montrent mieux que nuls autres, que par la mer se trouve le plus court chemin de fortifier, enrichir, et agrandir un Etat, le meilleur moyen de résister à un puissant ennemi, et d'entretenir longtemps la guerre contre lui. Aussi ont-ils depuis vingt-cinq ans si soigneusement travaillé à l'accommodement des ports en toutes leurs places, qu'ils en ont maintenant assez bon nombre, meilleurs par artifice que par nature. Non-seulement tout leur art s'y est déplo, ' ; mais toute leur arrière-épargne employée, et toutefois avec plus de fruit que de coût (page 246). »

Au surplus l'Etat n'aura pas à tout faire par lui-même : des encouragements aux armateurs suppléeront à son action directe.

« Au reste ce que font les rois d'Angleterre, ou quelque chose de semblable, semble être de bonne pratique. Afin que les plus riches de leurs sujets se portent plus volontiers et dépendent plus librement à faire bâtir de beaux et grands navires, s'ils excèdent le port de cent tonneaux, le roi leur donne soixante et six sols huit deniers par tonneau, et encore quelque chose de plus ; mais s'ils demeurent au-dessous ils n'ont nulle récompense (page 250). »

Mais n'avons-nous pas à nous inquiéter des menaces ou de la concurrence de ces étrangers qui nous ont tant devancés ? Nullement : fussent-ils beaucoup plus puissants, leurs forces sont si désunies, qu'elles sont peu à craindre ; ils ne sont forts qu'à cause de l'opinion anticipée que l'on a conçue de leur puissance. Rien ne peut donc nous empêcher d'exécuter de beaux exploits, d'en cueillir et garder le fruit, si l'ordre, qui doit venir de la royauté, est bien établi et bien observé, si les résolutions prises par es sujets sont soutenues avec vigueur et patience. Il y faut de la hardiesse.

« Ce n'a point été par ces conseils timides, que l'on appelle ordinairement prudents, mais en osant et en fesant, que ces braves et généreux Romains sont montés au comble de gloire (page 253). »

Deux grands chemins, dit Montchrétien en se résumant, sont ouverts au roi pour l'acquisition de la gloire : l'un qui porte directement contre les Turcs et mécréans, desquels la force s'affaiblit de jour en jour (c'est la seule trace d'allusion guerrière que nous trouvions dans le *Traité de l'Économie politique*) et l'autre qui s'ouvre vers le Nouveau-Monde « pour y planter et provigner de nouvelles Frances. » C'est par la navigation qu'il faut acheminer toute entreprise dans l'un ou l'autre sens (page 234) : bien établie quant aux hommes, aux navires et aux ports, elle facilitera les conquêtes et les conservera par de belles peuplades, c'est-à-dire par la colonisation.

Dans les plans de notre économiste, les colonies apparaissent comme le couronnement de la grandeur nationale, aussi bien pour consolider les fruits de la guerre que pour acquérir de nouveaux territoires. Bien que caressée par François Ier et Henri IV, une telle idée était encore peu accréditée, dix ans avant l'avénement de Richelieu à la tête des affaires; et c'est sans doute à l'encontre de l'indifférence générale que Montchrétien trace, à la politique coloniale, des règles d'une sagesse qui étonne au milieu des entraînements si différents qui prévalaient autour de la jeune royauté.

La raison première de la colonisation dérive de l'accroissement de la population :

« Depuis que nous jouissons de la paix, le peuple s'est infiniment multiplié en ce royaume. On s'y entre-étouffe l'un l'autre, et seroit quasi besoin d'y pratiquer l'exemple ancien de plusieurs nations septentrionales. Combien y a-t-il d'hommes chargés de grandes familles, vivants en extrême pauvreté, de mœurs innocentes et louables au reste ? C'est de ces gens, non de fainéans, de scélérats et de criminels, qu'il faudroit peupler un nouveau monde. Il vous en viendroit de l'honneur et du profit tout ensemble, de l'amplification à votre Etat, de l'accroissement au fond de vos finances ; des forces tant par mer que par terre à votre couronne. La France quitteroit cette lâche et fainéante paresse, où elle semble être ensevelie. L'action de vos peuples s'accroîtroit deçà et delà. Diverses découvertures de pays se feroient de jour en jour. Les bornes de Votre Empire seroient en peu de temps plantées bien avant delà les mers. Vous trouveriez de nouveaux Typhis, qui porteroient des nouvelles Frances en des terres nouvelles (page 255) (1). »

C'est au service de la France que doivent être ramenées tant de populations qui s'en vont en Espagne, faute de travail ou de sécurité chez nous ou dans nos possessions.

Si le mot d'émigration manque à notre *Traité*, la chose, on le voit, s'y trouve complètement, et elle repose sur des faits qui démentent le préjugé, dont Montchrétien lui-même s'est fait l'interprète, du peu de propension qu'auraient les Français pour les voyages. Il rapporte (2) que l'Espagne n'est quasi peuplée que de Français, et il en

_____

(1) Allusion à la prédiction célèbre de Sénèque :

> .... *Venient annis*
> *Sæcula seris , quibus Oceanus*
> *Vincula rerum laxet, et ingens*
> *Pateat tellus , Typhisque novos*
> *Detegat orbes , nec sit terris*
> *Ultima Thule.* (MEDEA.

(2) Bodin avait constaté le même fait. (Baudrillart. *Jean Bodin et son temps*, p. 172.)

fournit diverses preuves. Quand le prieur de Capoue tenta de s'emparer de Valence par le moyen de nos galères, on voulut chasser tous les Français de cette ville, mais il s'en trouva 10,000 qui furent cautionnés par les Espagnols. Lorsque Henri IV déclara la guerre à l'Espagne, on compta dans le royaume de Valence plus de 30,000 Français exerçant divers métiers, pour la plupart Auvergnats, Gascons, Béarnais et Limousins : ce mouvement, qui conduit nos ouvriers du midi dans la péninsule, n'a pas encore cessé (1). Au royaume d'Aragon et de Catalogne, les Provençaux étaient en grand nombre. Les uns et les autres, grossis de groupes de Languedociens et de Dauphinois, avaient remplacé, jusqu'en Séville et Grenade, les Maures et Morisques expulsés. Leur nombre total était évalué à 200,000.

« Il y a de l'apparence qu'ils se mêleront par alliance les uns avec les autres, et ne seront plus qu'un peuple. Cela advenant, il ne faut point douter que le pays n'en vaille mieux, et que la nation n'en soit amendée, comme par une espèce d'enture faite avec de bons greffes. Il se coulera pourtant quinze ou vingt ans devant que cela puisse bien prendre et souder; car la plupart va et vient encore, et l'autre se retire, après avoir gagné quelque argent dans les plus riches provinces d'Espagne, comme en Séville, Tolède, Grenade, Valence, et à la cour même, où ils font plusieurs vils ministères, comme de vendre de l'eau, contreporter des merceries et des toiles, débiter de la quincaillerie, coutellerie. »

Nous saisissons ici, dans l'une de ses premières origines, les humbles métiers de porteurs d'eau, de colporteurs, de chaudronniers, devenus si familiers à nos mon-

(1) Voir notre *Histoire de l'Emigration au XIXe siècle*. chapitre de la *France*.

tagnards de l'Auvergne, des Cévennes et de la Savoie. Un lien historique bien établi les rattache à l'impolitique expulsion des Maures. Privés de bras musulmans, et portés à la paresse par l'ivresse de l'or et de l'argent que leur versaient à flots les mines du Nouveau-Monde, les Espagnols ont eu besoin d'ouvriers chrétiens : nos laborieux campagnards et artisans ont accouru ; et sans doute, suivant les prévisions de Montchrétien, on retrouverait leur trace, par une étude attentive, dans le sang des provinces où ils affluèrent.

Ce grand phénomène de l'émigration, que les économistes ont trop abandonné aux historiens, notre *Traité* en saisit le rôle providentiel et en décrit les principales manifestations. Après quelques mots seulement consacrés aux Grecs et aux Asiatiques, aux Cimbres et aux Teutons, aux Allemands et aux Suisses, viennent avec de nouveaux détails les excursions des Gaulois à travers le monde, en remontant jusqu'aux expéditions de Ségovèse et Bellovèse, ce qui fournit à Montchrétien l'occasion, qu'il saisit volontiers, de retracer le tableau de nos origines nationales et des migrations de nos ancêtres. Que la tradition légendaire y empiète sur l'exacte vérité, telle que l'a établie la critique moderne, on ne peut en disconvenir; il n'en ressort pas moins, au-dessus de tout doute, des instincts persistants de déplacement et d'aventures qui assignent le caractère d'une passagère langueur à cette stagnation dont Montchrétien se plaint déjà, comme « d'une lâche et fainéante paresse. » De son temps le découragement provenait des guerres civiles, qui sous les Valois, avaient tant fatigué les âmes. En nos jours la succession des révolutions intérieures et des guerres étrangères a produit un effet pareil de lassitude. Le génie de la race n'y est pour rien.

Quelles causes ont ainsi mis tant de peuples en mouvement? Les voici à peu près toutes bien énumérées dans une phrase imitée de Sénèque (1).

« Les uns ont été chassés par force de leurs villes rasées, les autres par pestes de leurs cités désolées ; les uns se déchargeant comme par essaims, les autres quittant leur climat trop rude et trop âpre, pour en occuper un plus doux et plus tempéré; les uns laissant des terres infertiles pour en conquérir de plus fécondes, les autres cédant aux plus forts et refoulant les plus faibles (page 266). »

Les causes morales ont été : le désir de commander, la convoitise des richesses, les vengeances à fuir, l'ambition de gloire, et enfin « je ne sais quel destin ou pour mieux dire certain décret de la providence divine, qui transporte les royaumes comme il lui plaît, et à qui il lui plaît. Les peuples se sont jetés en divers et nouveaux pays (page 265). »

Dans ces lignes perce clairement, sinon encore avec toute la précision désirable, la suprême raison, celle qui dérive des lois naturelles de l'humanité, à côté des raisons de circonstances, résumées dans une belle phrase. « On

---

(1) *Non omnibus eadem causa reliquendi quærendique patriam fuit. Alios excidia urbium suarum, hostibus armis elapsos, in aliena, spoliatos suis, expulerunt. Alios domestica seditio submovit. Alios nimia superfluentis populi frequentia, ad exonerandas vires, emisit. Alios pestilentia aut frequens terrarum hiatus, aut aliqua intoleranda infelicis soli vitia ejecerunt; quosdam fertilis oræ et in majus laudata fama corrupit.* (Consolatio ad Helviam, c. VI.)

peut dire avec vérité que jamais siècle n'en a porté de plus justes causes que la nôtre, ni ouvert de plus beaux et de plus faciles moyens de prendre le large outre-mer. »

Au xviie siècle les esprits, fidèles à l'inspiration de Colomb et de tous ses émules ou continuateurs, rattachaient ce mouvement à un but religieux, la propagation du christianisme ; et ce sentiment mêla quelque grandeur aux désordres et aux crimes qui déshonorèrent la conquête du Nouveau-Monde. Montchrétien y puise à son tour des motifs d'expéditions lointaines et des leçons de gouvernement colonial.

« C'est une prophétie véritable que le son de la parole de Dieu s'épandra par toute la terre ; elle s'accomplit tous les jours ; aucun lieu sans doute ne sera privé de la lumière de ce soleil venu au monde pour illuminer le monde. Mais bien heureux ceux-là qui en seront les porteurs !... Dieu nous a faits non-seulement hommes, mais hommes par-dessus les hommes, et ce qui vaut mieux que cela, chrétiens. Connaissant l'importance de ce titre, jusques où il va, jusques où il nous porte, et foulant aux pieds toute appréhension, ne craignons point, afin de nous en rendre dignes, de forcer les ondes et les tempêtes... Tous instruments sont bons à la main de ce grand ouvrier ; leur faiblesse et imperfection fait connaître sa perfection, et reconnaître sa puissance (pages 266-267). »

La conduite à tenir à l'égard des naturels est dictée par une bonté religieuse et compatissante, autant que par esprit politique :

« O charité, je t'invoque ! Braves Français, ayez pitié de vos semblables, que le Fils éternel de Dieu a voulu racheter comme vous, par son précieux sang, répandu sur l'arbre de la croix ; ne les méprisez pas comme bêtes. Ce sont barbares et sauvages voirement, mais au reste assez heureusement nés en ce qui dépend de la nature, et de mœurs bien

propres à recevoir la forme de la vraie vertu. Davantage
ils ont quelque sympathie avec nous; ils nous aiment par
inclination, autant comme ils abhorrent ces cruels et rudes
maîtres qui les ont traités non-seulement comme esclaves,
mais comme les pires et les plus contemptibles des animaux,
les appelant tantôt écume de la mer, tantôt race de
diable, etc... (pages 268-269). »

Le portrait fort exact de leurs idées et de leurs mœurs
se termine par la remarque suivante, d'une charmante
naïveté.

« Bref, s'il était possible de leur ôter ce qu'ils ont de
mauvais, et de mettre au lieu ce que nous avons de bon,
c'est-à-dire de leur donner nos vertus sans mélange de nos
vices, ce seraient de braves hommes (pages 269-270). »

L'alliance que nous avons déjà signalée, comme un des
caractères du *Traité de l'Economie politique*, des plus
hautes vues morales avec le sens le plus positif, brille avec
éclat dans les pages consacrées à la colonisation, qui sont
placées à l'ombre de cette parole de l'Evangile : « Cherchez
« le royaume de Dieu et sa justice, et tout le reste vous
« sera donné par surcroît. » Ainsi conçues, fondées et
gouvernées, les colonies deviendraient « de grandes et
« inépuisables sources de richesses. »

Ici nous découvrons les vraies racines de ce que nous
appelons la *Politique coloniale de la France*, et qui a
dégénéré plus tard en *système* ou *pacte colonial*. Entre
ces deux idées la différence est grande. Tandis que le système colonial, constitué en France par Colbert avec toute
l'inflexible rigueur de sa volonté, servie par son génie des
affaires et appuyée de la toute-puissance de son maître,
proclama que les colonies étaient faites pour le seul profit
des métropoles, et les plia de force à ce régime d'exploi-

tation égoïste, la vraie politique coloniale de la France voyait dans les établissements lointains de nouvelles Frances, créées principalement pour elles-mêmes, appelées à vivre d'une vie propre et libre, en accord et non en servitude vis-à-vis de la mère-patrie. Ainsi l'avaient compris François Ier, l'amiral de Coligny, Henri IV, et leurs envoyés au Canada, en Floride, au Brésil, tous les vrais pères de la colonisation française. Ainsi le comprit même Richelieu; ainsi l'entend Montchrétien avec une sagacité qui fait autant d'honneur à son intelligence qu'à son esprit de justice.

L'égalité présiderait aux rapports commerciaux entre la métropole et les colonies... « Il s'en suivrait par ce moyen, tant ici que là, de grandes et inépuisables sources de richesses, car les sujets d'un et d'autre côté auraient une ample vente et revente de toutes et telles manufactures qu'ils pourraient faire ou porter... Ils seraient déchargés par eux-mêmes des leurs (pages 250, 271). »

Loin de vouloir interdire aux colons la culture des denrées similaires, on recevrait d'eux des vins « aussi bons qu'il en puisse venir d'Espagne, de Candie et de Malaga. » Outre les vignes ils planteraient des oliviers, à la différence des autres endroits de l'Amérique « où le roi d'Espagne n'en veut point permettre le labourage afin de les tenir toujours nécessiteux et plus sujets, » et en outre le pastel, le safran, le lin, le chanvre, le froment, le seigle, l'orge, l'avoine, les pois et toutes sortes de blés et de légumes, ainsi que toutes sortes de racines, d'herbes, d'arbres utiles. A côté de la canne à sucre que l'on pourrait tirer d'Espagne, de Barbarie, des Canaries, de la Tri-

nité et des Antilles, on introduirait la soie et l'indigo.
Dans son zèle, Montchrétien fait volontiers étalage de ses
connaissances pratiques, au point que l'énumération qu'il
donne de toutes les marchandises à retirer des colonies
forme une complète, quoique courte encyclopédie de la
matière commerciale de son temps. Il n'a garde d'oublier
ce qui fut trop oublié pour le malheur des colonies, par
la plupart de ceux qui de loin ou de près les adminis-
trèrent, — les deux industries fondamentales de la navigation et de la pêche.

« De plus, il se feroit grand nombre de navires tant deçà
que delà, et des mariniers à proportion, ce qui nous rendroit
bientôt plus forts par mer que ne sont tous nos voisins, où
nous sommes au contraire toujours demeurés plus faibles...
Les côtes étant pleines d'une infinité d'îles, on se pourroit
fortifier aux endroits où se trouveroient de bons havres, dans
lesquels vaisseaux, hommes et marchandises seroient en
toute sûreté, avantage que nous n'avons en lieu du monde
où nous trafiquions. Où se peut plus abondamment et plus
aisément faire la pêche des moluës ?... où mieux la pêche
des baleines, loups marins et vaches marines ?... où plus
a commodité la pêche de l'esturgeon, du saumon et d'autres
poissons bons à saler, tant pour le lieu que pour le transport
en Espagne, en France, en Italie, en Grèce et autres endroits où le débit en est meilleur (pages 272-273)? »

Plus loin il revient avec insistance aux mêmes idées.

« Je ne répèterai non plus ce que, parlant du commerce,
j'ai traité de la pêche des moluës et du hareng, que Vos Majestés peuvent et doivent surtout établir et ménager comme
la pépinière de leurs mariniers; de la voiture du sel à même
fin, de celle d'Espagne et des autres lieux s'il y en a, où il
nous reste encore quelque trafic (page 295). »

A tous ces puissants motifs de s'engager dans les fon-
dations coloniales s'en ajoute enfin un dernier d'une

plus haute et universelle conséquence : c'est l'espoir de découvrir un chemin vers l'autre mer « par laquelle on navigue au Cathay, à la Chine, au Japon, aux Moluques et autres riches contrées situées vers l'est. » Suivant une inspiration qui devançait les siècles, le passage entre les Océans Atlantique et Pacifique, que les navigateurs s'obstinaient à chercher, les uns par le nord-est, les autres par le nord-ouest, que d'autres enfin pratiquaient par le sud, Montchrétien veut le découvrir à travers l'Amérique du Nord, sans sortir de la zone tempérée et sans offense d'aucun voisin ou allié. Il se fortifie dans cet espoir par une critique fort juste des routes du nord qui aboutissent aux glaces, de la route du sud qui fait un immense détour, et qui sont les unes et les autres fatales à la santé des équipages. Rappelant, avec plus de détails, les voyages antérieurs (1), il en conclut la probabilité d'atteindre l'Océan pacifique ou mer du sud par les fleuves dont on a signalé le cours, dans une direction opposée à l'Océan atlantique.

(1) En voici la liste, incomplète du reste, d'après son texte.

Par le Nord-Ouest.

1486. Jean Cabot et Sébastien son fils.

1500. Gaspard Corteréal et Michel Corteréal son frère.

1525 à 1551. Verazzano, Cartier, Roberval, avec Alphonse Xaintongeois, sous François Ier et Henri II.

1576, 1577, 1578. Martin Frobisher, anglais, trois voyages.

1583. Humfroy Gilbert.

1585, 1586. Jean David, anglais ; deux voyages.

1601. George Wemüe, anglais.

Par le Nord-Est.

1553. Willeby, anglais, et Richard Chancelier

Comment découvrir cette voie nouvelle d'une importance si capitale?

« Par une exacte visitation et connoissance du pays, que l'on ne peut acquérir sinon par l'habitation, d'autant qu'il convient se servir à ce dessein des enquêtes des sauvages demeurant plus avant dans les terres (page 283). »

La colonisation, unissant dans les mêmes recherches les Européens et les indigènes, est ainsi mise au service des découvertes géographiques; elle n'a pas trompé les espérances de Montchrétien, quoique par d'autres voies que les fleuves. De nos jours les deux mers ont été reliées par le chemin de fer du Panama; elles le seront bientôt par l'immense ligne ferrée qui sillonne de l'est à l'ouest les Etats-Unis, et qui est dès à présent en pleine voie d'exécution. Alors le voyage d'une mer à l'autre se fera tout entier en zone tempérée, et le vœu de l'économiste de 1615 sera accompli. Suivant son énergique formule qui est un acte de foi en la sagesse providentielle, « ce qui est nécessaire sera. » Pour entraîner les courages, il promet de l'or sur la route : la Californie, la Nevada, le Colorado auront acquitté ses promesses. La navigation seule manquera : il n'avait pas prévu la haute barrière des montagnes Rocheuses; mais le lac de Nicaragua et le fleuve Saint-Jean situés plus au sud pourront unir les deux mers.

1554. Chancelier et Jakinson (Antoine).
1580. Arthur Pets et Charles Iakman.
   Divers voyages hollandais.

Le silence au sujet de Samuel de Champlain, qui, dès 1615, avait déjà fait plusieurs voyages d'exploration au Canada, permet de supposer que son nom et son entreprise n'avaient pas encore acquis une grande notoriété.

Dans l'esquisse de son programme des découvertes à faire en Amérique, Montchrétien révèle une singulière vigueur de caractère. Il aime l'inconnu ; il poursuit même l'utopie, sur la foi que le labeur humain, enquête des mystères de la nature, trouve toujours quelque chose. Quelle décision d'esprit dans les lignes suivantes !

« Ici quelqu'un dira : pourquoi donc désormais tant de peine, et de perte, à la recherche d'une chose que l'expérience des meilleurs et plus hasardeux pilotes a trouvée impossible ?... Toutes les considérations de la nature établissent ce passage... On trouve toujours quelque chose en cherchant, et quelquefois autre chose que ce que l'on cherche, meilleure ou moins bonne, au hasard. Ceux qui travaillent en la chimie en font foi... Il faut quelquefois se hasarder, venant principalement aux termes du désespoir, pour faire de grands coups (1). La fortune se mêle en tout et partout, ès-arts comme en toutes autres choses, quoique l'on dise et soutienne le contraire (page 282-288). »

« La recherche ôte le doute. Il y a beaucoup à faire où rien n'est fait, et rien ne se fait où l'on ne veut rien faire. Pensons-nous que la nature ait amoncelé toutes ses richesses en un seul lieu ? D'autant qu'il y a beaucoup d'or et d'argent au Pérou et en Mexico, croyons-nous qu'il n'y en doive point avoir ailleurs (page 290) ? »

A la pensée des immenses avantages que retirerait la France de la découverte d'une route directe vers l'Orient, dont elle enlèverait le commerce aux Portugais et aux Hollandais, le patriotisme de Montchrétien s'enflamme par l'espoir, mais il se contient par la prudence. Il presse, il implore, il supplie le roi et sa mère d'écouter, de faire exécuter un si grand dessein.

(1) Allusion probable aux *grands coups* de Bernard Palissy, à la recherche de l'émail de la porcelaine.

« Nous l'espérons, nous le désirons, nous le requérons avec tant plus d'assurance qu'il offre miraculeusement les vrais moyens de remettre ce grand royaume en bon état, sans grande résistance, si nos péchés n'empêchent un si grand bien (page 295). »

Mais craignant sans doute de trahir le secret de son ambition, il s'arrête :

« Je laisse en ce lieu beaucoup de choses au bout de ma plume. Tout ce qui se peut ne se doit pas dire. Je me contente de travailler comme en une carte, où un petit point marque une province. »

C'était bien en effet une province, et à vrai dire un grand empire, dont ce langage transparent proposait la prise de possession. C'était la vallée entière du Mississipi, qui, vers la fin du xviie siècle seulement, devait, sous le drapeau français et le doux nom de Louisiane, unir le Canada au golfe du Mexique, la nouvelle France du Nord à celle du tropique. N'est-ce pas un grand mérite pour Montchrétien d'avoir, tant d'années auparavant, pressenti et appelé cette conquête pacifique, si tristement échappée à nos mains dans les siècles suivants?

VI. — MATIÈRES DIVERSES.

Le quatrième et dernier livre du *Traité de l'Economie politique* est intitulé : *De l'exemple et des soins principaux du prince*, et comprend les matières suivantes :

La piété ;

La charité ;

La censure ;

La milice ;

Les finances ;

Les récompenses tant honoraires que pécuniaires ;

Les charges et magistratures.

Dès que le prince était posé au sommet de l'ordre économique, comme source de toute prospérité, par sa volonté et sa sagesse, il était logique de tenir grand compte de ses vertus et de ses qualités, de ses droits et de ses devoirs. C'est ce qu'a fait Montchrétien ; mais, sur ce terrain, où il a été devancé par la philosophie et la religion, tant chez les païens que chez les chrétiens, son originalité s'efface. Ses conseils, adressés cette fois au jeune roi Louis XIII seul, sont la fidèle traduction des doctrines alors régnantes dans l'Église catholique et le parti monarchique : au roi tous les pouvoirs, avec des devoirs correspondants envers ses sujets ; au peuple le devoir de l'obéissance et de l'amour envers son souverain. Les intérêts des peuples sont sacrés pour les rois, sans qu'aucune autorité soit reconnue, aucune conduite tracée au peuple pour les faire valoir, au cas où ils seraient méconnus et violés. C'est, en un mot, dans toute sa simplicité, la théorie du pouvoir absolu, mais juste, que Montchrétien expose, cette théorie dont Bossuet devait bientôt se faire le docteur avec tant d'éloquence, et dont la France devait subir pendant deux longs règnes la fatale application. L'auteur du *Traité de l'Économie politique* n'a pas soupçonné cette vérité capitale, que tout pouvoir livré à lui-même s'égare ou s'exagère, comme tout mouvement sans régulateur s'arrête un jour et se précipite un autre : le libre contrôle peut seul l'exciter ou le modérer dans la juste mesure. Ces idées, renou-

velées de l'antiquité républicaine, et accréditées depuis
que l'imprimerie avait révélé à l'esprit moderne l'esprit
de la Grèce et de Rome, Montchrétien ne paraît pas les
avoir comprises; longtemps encore après lui elles devaient être méconnues par les physiocrates eux-mêmes,
ces amis de la liberté économique.

Quoi qu'il en soit, et une fois cette attitude acceptée,
ses préceptes sont irréprochables, et son prince pratiquant
la piété et la charité, modèle de toutes les vertus, présente
le plus entier contraste avec celui de Machiavel. Le rapprochement est si naturel, qu'il autorise à croire que
l'auteur a voulu, de propos bien arrêté, percer de ses
traits le génie perfide et cruel de Florence qui régnait à la
cour de France dans la personne de la fille des Médicis,
et de ses deux favoris, Concini et Léonora Galigaï. Les
perfections qu'il souhaite dans son prince, il les a tracées
dans un parallèle d'une concision et d'une énergie sin-
gulières, que je demande à l'Académie la permission de
lui lire, bien qu'il soit un peu long, parce que l'auteur,
en condensant dans cet idéal toute sa science et toute sa
sagesse, y a déployé en même temps toutes les ressources
de la langue littéraire de son temps. C'est un portrait du
bon et du mauvais prince (1).

« Le bon prince, s'estimant né pour son peuple, ne vise
qu'à son bien, repos et contentement. Le mauvais prince,
pensant que tout le monde soit fait pour lui, n'a pour but

(1) MM. Haag, dans la *France protestante*, v° MONTCHRÉTIEN,
croient reconnaître une grande analogie entre ce portrait et celui qui
se trouverait dans le *Miroir des Français*, par Nicolas de Montand,
1582. — Vérification faite, je n'ai découvert aucune ressemblance.

9

que son profit ou son plaisir. — Le bon entretient la piété, maintient la justice, soutient la foi. Le mauvais n'a crainte ni amour de Dieu, n'a nulle affection à l'équité, nulle religion de serment, nul soin du salut des hommes. — Le bon se conforme aux bonnes lois, établit et conserve leur force. Le mauvais s'en dispense à toutes heures, en abandonne la protection, et bien souvent travaille lui-même à saper leur autorité. — Le bon s'avise de tout ce qu'il peut pour l'utilité de son Etat. Le mauvais n'étudie qu'en des monopoles, et malheureuses inventions pour l'incommoder. — Le bon cherche d'enrichir ses sujets. Le mauvais ne bâtit que sur leurs ruines. — Le bon venge les injures publiques et pardonne les siennes. Le mauvais se montre inexorable à tout soupçon d'offense, et déserteur de la gloire de sa patrie. — Le bon épargne l'honneur des femmes. Le mauvais fait gloire de leur honte. — Le bon prend à plaisir qu'on l'avertisse en toute modestie et liberté. Le mauvais n'a rien plus à contre-cœur que l'homme franc et vertueux. — Le bon s'efforce de tout son pouvoir de maintenir son peuple en concorde et union. Le mauvais permet que l'on y sème des partialités, que l'on y entretienne des ligues et brasse des factions. — Le bon fait état de l'amour de son peuple plus que de tout. Le mauvais ne se soucie point d'être haï, mais qu'il soit craint. — Le bon n'appréhende que pour ses sujets. Le mauvais ne redoute que ses sujets. — Le bon ne les taille que le moins qu'il peut des tailles et des subsides. Le mauvais les accable d'impôts, hume leur sang, ronge leurs os, suce leurs moëlles, dévore leurs entrailles. — Le bon appelle les gens de bien auprès de soi, les honore, les emploie en ses affaires. Le mauvais recherche les méchants, les avance en crédit, et bien souvent en use comme d'éponges. — Le bon veut s'asservir à ses propres ordonnances. Le mauvais les fait servir à ses passions et injustes volontés. — Le bon jouit d'un repos sûr et content, et s'esjouit en une profonde tranquillité. Le mauvais est toujours en transe, en angoisse, en travail, languit toujours en perpétuelle crainte. — Le bon est adoré de ses sujets, aimé de ses serviteurs, béni de tout le monde. Le mauvais est haï, abhorré, et maudit de tous, et plus que de

nuls autres de ceux qui le connaissent plus familièrement.
— Le bon attend la vie bienheureuse. Le mauvais ne peut
éviter la damnation éternelle. — Le bon est honoré durant
ses jours, et regretté après son décès. Le mauvais est diffamé
de son vivant, et sitôt qu'il est mort, échafaudé en son honneur, déchiré en sa réputation (pages 310-312). »

Sans échapper à la symétrie un peu monotone qui naît
d'une longue et double suite d'antithèses, défaut inévi-
table des parallèles, ce morceau donne un avant-goût de
la belle langue littéraire du xvııe siècle; il marque le meilleur moment de l'évolution qui achemina vers ce temps la
langue naïve et souple de Montaigne vers la langue plus
ferme et plus logique de Descartes. Par le fond des idées,
ce passage et le chapitre entier dépassent le cadre aujourd'hui assigné à l'économie politique : aussi, des pages
qui composent le quatrième livre, ne dégagerons-nous que
les propositions ayant des rapports assez proches avec les
forces productives et la richesse.

Les biens d'église donnaient lieu à des abus que les
derniers Etats-Généraux avaient dénoncés avec force, et
dont la critique fit la popularité de la Réforme : ces abus
doivent disparaître. « Leur ayant donné (aux prélats) le
bénéfice pour l'office, il est en vous de les priver des fruits
du bénéfice qui viennent de vous (page 320). »

En prévision des résistances et des luttes,

« Souvenez-vous toujours que l'Eglise est en l'Etat, non
l'Etat en l'Eglise ; qu'elle tient de vous, après Dieu, sa splendeur et sa richesse, qu'elle ne peut ni ne doit les maintenir
que par vous ; que vous êtes tellement son fils aîné, que vous
ne laissez pas d'être son père nourricier ; que c'est par conséquent à vous qu'il appartient principalement de faire dispenser
en leur droit et légitime usage, les biens que vous et les vôtres

lui confierez, d'empêcher les abus qui s'y peuvent commettre, ou en l'acquisition, ou en la rétention, ou en la profession (page 321). »

A l'appui de ces maximes, Montchrétien ne manque pas d'invoquer les droits de l'église gallicane, avec un zèle dont on serait plus touché, s'il ne profitait au pouvoir absolu du prince, à qui il ne craint pas de dire :

« La disposition de tous les mouvements de vos sujets doit dépendre de votre seule raison, comme d'une loi vivante (page 323). »

La censure lui paraît, comme à Bodin, une institution romaine digne d'être renouvelée dans un double but : maintenir les mœurs surtout contre l'invasion du luxe, procurer le recensement des hommes et des richesses :

« Qui ne sera content de voir réprimer le luxe et les superfluités aux habits, aux banquets, aux bâtiments, aux meubles d'or et d'argent principalement, de voir arrêter le cours des usures, des gains sordides, des pratiques déshonnêtes, des corruptions manifestes (page 326) ? »

Sur l'utilité des dénombrements de personnes et recensements des fortunes, les vues de Montchrétien ont été mieux sanctionnées par la science et l'expérience. Rappelant les nombreux exemples donnés par l'antiquité, et quelques tentatives des temps modernes, il conclut à l'utilité qu'il y a

« Que chacun donne son bien par déclaration, et fasse connaître quel est son revenu, » suivant qu'il a été fait en 1411, en Provence, et par édit de François Ier, en 1534, et plus tard par édit de Henri II. Mais les changements survenus en requièrent de nouveaux, car tel bénéficier paye plus de décimes la moitié qu'il ne doit, et tel autre n'en paye pas la huitième part de ce qu'il doit (page 332). »

Il développe ce conseil dans une suite de vues d'une

inspiration irréprochable et parmi lesquelles se remarque
la publicité des « successions, partages et hypothèques,
closes et cachées pour la plupart, lesquelles étant avérées
sans autre enquête, par les registres publics, on obvierait
aux frais immenses des longues poursuites, aux inventions
des faussetés, aux fabrications des faux témoignages
(pages 332-333). » L'inégalité de l'impôt ne lui est pas
moins importune que le secret des charges. « Si nous
sommes gens de bien, si nous aimons l'Etat comme nous
devons, si nous désirons le soulagement des pauvres, comme
nous sommes obligés, pourquoi refuserions-nous d'aider
au public quand il en sera besoin? de participer aux
charges communes? Mais est-ce quelque honneur d'être
membres privés de toute fonction, incapables de tout service (page 335)? »

La charité publique se rattache à la censure par quelques côtés. Des usurpations ont été commises sur les
biens des hôpitaux; qu'elles soient annulées! Que l'argent
qui se lève aux bureaux des pauvres soit reconnu et ap-
pliqué à les nourrir et vêtir! C'est assurément par les
souvenirs que Montchrétien avait rapportés d'Angleterre,
peu après l'institution par la reine Elisabeth de la taxe
des pauvres (1) que s'explique son adhésion très-nette à
une contribution spéciale en faveur des pauvres, ou fonds
de piété, qui serait alimentée par les sources les plus
diverses. Tout y devra concourir : troncs aux portes des
villes et des temples, à l'entrée et sortie des villes et passages, prélèvement sur les ventes des marchands excé-

(1) Statut du 19 décembre 1601.

dant 50 à 60 livres, et ainsi que sur les péages, fermes et amodiations de la royauté et de la noblesse, libéralités des artisans, dons et travaux des dames, damoiselles et bourgeoises, retranchement volontaire sur le luxe des gentilshommes.

Le recensement périodique des personnes est réclamé par toutes les bonnes raisons qui l'ont à la longue introduit dans les lois et les mœurs des peuples modernes. Loin que rien soit omis de ce qui doit entrer dans un tel inventaire de la population, à vrai dire aucun dénombrement n'est aussi complet que le souhaite notre économiste. Il voudrait savoir le nombre, l'âge, la qualité des hommes, combien on peut en tirer pour aller à la guerre ou pour demeurer à garder le pays ; combien pour envoyer en des colonies, et pour employer aux labeurs publics, combien pour faire travailler aux corvées des réparations et fortifications de place. La connaissance de l'âge éviterait, à elle seule, un million de procès, touchant la minorité ou majorité des personnes : aussi le chancelier Poyet est-il fort approuvé d'avoir chargé les curés de tenir registre de tous les enfants qui naissent. « Pareils procès seraient prévenus au sujet de la noblesse pour le déguisement des noms, des parents, des pays, de l'état et qualité d'un chacun, où, faute de papiers censiers, on ne voit ordinairement goutte (page 343). »

Au recensement des personnes s'adjoindrait celui des choses : on saurait combien il faut tous les ans de provisions ordinaires en un grand Etat ; combien il en produit ; combien on peut en sortir hors sans l'incommoder, et finalement combien de vivres sont nécessaires aux habitants d'une ville en cas qu'il faille soutenir quelque siége (page 343).

Avec les personnes et les produits on relèverait les occupations. « De quel état chacun se mêle, et quel métier il exerce, rendant faux ce proverbe qui court maintenant parmi nous, que la moitié du monde ne sait pas comme l'autre vit (page 344). »

Sous le nom de censure, c'était véritablement la statistique générale de la France que Montchrétien proposait à Louis XIII, comme « pouvant seule, mieux donner la connaissance de ce qu'il pouvait et devait entreprendre à faire par le moyen de ce riche et populeux royaume. » S'il ne l'a pas exécutée, il en a du moins fort bien reconnu l'importance et esquissé le programme. Quelle force nouvelle cette connaissance des ressources en hommes et en choses apporterait à la royauté, l'auteur du *Traité de l'Economie politique* se plaît à l'exposer, en traçant à grands traits un résumé des exploits accomplis par la nation gauloise et française, sous le seul aiguillon de son génie naturel et du commandement de ses rois.

Au premier rang de ces forces et de ces gloires, comptent les armes de la noblesse, si promptes à s'engager dans des duels que Montchrétien connaissait par sa propre expérience. Sur cette coutume devenue si meurtrière sous Henri IV, il s'exprime avec un sens profond de l'honneur personnel et de l'intérêt social. « Que les armes ne se tournent plus contre elles-mêmes !... Tant de tristes et funestes accidents de querelles et de morts... vous avertissent que les disputes privées des gentilshommes engendrent des ligues, les ligues des guerres civiles, et les guerres civiles des éversions d'Etat. Joignez vos commandements aux commandements de Dieu pour remédier à ce désordre fatal ; abolissez cette méchante et damnable pratique des armes... C'est par là qu'il faut commencer à rétablir la discipline militaire (page 370). »

Un paragraphe sur le duel, c'est tout ce que notre *Traité* consacre à la milice, sans doute pour ne pas se jeter en des digressions étrangères à son plan ; mais, comme l'entretien d'un si grand nombre de gens de guerre requiert un grand fonds de finances, il insistera plus longuement sur ce sujet, où reparaissent la sagacité clairvoyante et le ferme langage de l'écrivain homme d'Etat. « Bien payer et bien punir, dit-il, à propos de la force armée en gendarmerie ; faute de cela, l'on prépare autant de gibets que l'on veut armer d'hommes (page 371). »

Le plan d'études qu'il recommande à Louis XIII, sous le rapport des finances, convient à tout prince, à tout temps, et à tout pays, sans en excepter les nôtres. Se faire fidèlement instruire en quoi consiste le bien et le revenu de l'Etat, tant pour le général que pour le particulier, de quelle nature sont les deniers perçus par le roi, quelle en est la destination, afin d'en régler l'emploi, « vous souve-« nant toujours, du reste, que c'est autant du pur sang de « votre peuple, qui ne mérite être employé qu'aux choses « bonnes, utiles et honnêtes. » Se faire représenter les états de recettes de chaque généralité, dressés annuellement par les trésoriers de chaque province, afin d'y apprendre tous les détails (le texte les énumère avec complaisance). Se faire représenter aussi les états de l'ancien domaine, péages, maisons royales, châtellenies, etc., d'après lesquels les intendants des finances font les départements (1) d'année en année (pages 371-372). »

Le prince doit en outre, conformément au plan de Henri IV, poursuivre la réintégration des parties du domaine qui ont été aliénées, mais en remboursant les créanciers, « car il n'est point digne d'un prince de violer la foi publique (page 372) » : on parviendra ainsi à rendre les comptes « nets, non brouillés, fardés et subtilisés, » et à supprimer une fourmilière d'agents de finances. Au lieu d'un si grand nombre d'officiers, il se ferait, au grand avantage du royaume, « un grand nombre de marchands, facteurs et laboureurs ; car tout reviendrait à son principe. Les uns employeraient leurs deniers à la manufacture, les autres au trafic, les autres à l'agriculture. O Dieu, que de commodités conservées et acquises! (page 374) »... Abolissez toutes finesses et déguisements, couvertures d'exactions et de pilleries ; payez bien et vous faites bien payer... Ainsi vous pouvez amasser de grands trésors et fournir à de grandes dépenses (page 375). »

Les libéralités, auxquelles est enclin tout prince généreux et puissant, sont le grand écueil de l'économie des finances. Tout en proclamant que « rien n'est si royal que de donner, » notre économiste n'a garde de faire fléchir, comme l'eût fait un courtisan, la rigueur des règles : au contraire, il les rappelle avec insistance. Il recommande de tenir un registre de tous les dons, comprenant un rapport des actes et des mérites qu'ils récompensent, avec le souvenir des

(1) Le mot s'annonce de loin, comme on voit, mais dans un sens différent de celui qui prévalut en 1790.

largesses antérieures. Le roi seul doit les conférer, jamais ses serviteurs : qu'il ait bon œil, et ne se laisse pas tromper par l'apparence !

Ces maximes, toujours appuyées d'exemples historiques, empruntés à la Judée, à la Grèce, à Rome, à l'histoire de France, conduisent l'auteur du *Traité de l'Economie politique* aux honneurs et charges de l'Etat : à leur égard, il se fait l'interprète de l'opinion des meilleurs citoyens contre la vénalité qui en avait, dès avant Henri IV et sous ce prince même, corrompu l'origine et le caractère.

Parle-t-il d'abord des honneurs et dignités, objet d'une noble ambition, il en approuve le principe, et rappelle quel prestige obtint l'ordre de Saint-Michel, fondé par Louis XI. La rareté des titres en accroît le prix, qui est au-dessus de toute valeur pécuniaire. Ces dignités « se doivent acquérir par loyaux et fidèles services, non par argent. Il n'y a point de monnaie propre à payer l'honneur et à le gagner que la vertu même (page 379).»

Les charges judiciaires sont appréciées dans leur grandeur et dans un solennel langage. Il enlève la nomination des magistrats à la faveur du peuple pour l'attribuer à la royauté; de la royauté seule relèvent, quoique par des intermédiaires, les juridictions appartenant aux seigneurs et gentilshommes, à raison de leurs fiefs. « La justice est le lien des peuples et le ciment des empires... A cause d'elle, qui permet à chacun de garder et retenir ce qui lui appartient, les années sont meilleures qu'à cause de l'abondance des fruits (page 385). » L'héritier de saint Louis devra, comme son aïeul, juger lui-même de plusieurs choses, les grandes et extraordinaires principalement, ne fût-ce que pour l'exemple. Il devra voir de ses propres yeux, ouïr de ses propres oreilles. Il préfèrera l'éloge de *très-juste* à celui de *très-victorieux*, la balance de la justice à la foudre et au trident (page 391). Dans son admiration pour la justice, l'auteur traduit de longs passages d'Hésiode en vers qui sont loin de valoir sa prose ; et il rentre dans sa thèse, économique autant que politique, par une vigoureuse attaque de la vénalité des charges judiciaires, « sinon seule, au moins première cause de tout désordre en la justice,... principe et fin de toute iniquité. »

Comme une telle réforme heurte bien des résistances, que la force s'appuie sur l'habileté ! « Que ce tour de roue se fasse en votre État sans beaucoup de bruit. Procédez-y par voies obliques, s'il est besoin, pour l'importance du fait, mais toutefois légitimes (page 399). »

La leçon n'a peut-être pas perdu toute son opportunité. La réforme de la procédure réclame aussi une main puissante et prudente. « Il y a trop de style de procéder « parmi nous. Le vin perd toute sa force en une si grande « quantité d'eau. » Les lois sont à abréger et aussi les procès. Le tirage au sort de juges civils, hors la compagnie des juges ordinaires, suivant l'exemple qu'en donna Vespasien, au témoignage de Suétone ; la consignation préalable d'une amende, prescrite par Charles IX, ne seraient que des moyens insuffisants contre une maladie si grande et si invétérée.

La gratuité de la justice termine ce plan d'améliorations suggérées au jeune roi, ou plutôt à son gouvernement, car l'âge du prince (14 ans) réduit à une simple fiction l'allocution directe, employée par Montchrétien dans tout son *Traité*.

« J'ajouterais volontiers d'ôter tous émoluments au sacré exercice de la justice, que vous devez gratuitement à vos sujets, tant par vous que par vos ministres. » Malgré la tournure absolue du conseil, on ne peut y voir que la suppression du salaire ou des épices payés par les plaideurs aux juges. La pensée, toujours modérée, de Montchrétien, même quand l'expression devient trop pompeuse, ne permet pas de lui attribuer le blâme de tout traitement payé aux juges par l'État. Sur ce point donc, comme sur tant d'autres, sa voix, écho des États Généraux d'Orléans (1560), de Blois (1576 et 1588), et de Paris (1614), a devancé les décisions irrévocables de la postérité. Elle a traduit la raison publique.

VII. Montchrétien et son temps.

Pour donner une juste idée d'un livre si longtemps inconnu ou méconnu, des citations nombreuses et de quelque étendue étaient nécessaires ; elles l'étaient aussi pour justifier l'appréciation qu'il nous reste à faire de l'auteur du *Traité de l'Economie politique*, en le replaçant à distance au milieu du mouvement d'idées et d'intérêts où il se trouva engagé, afin de constater ce qu'il recueillit de ses prédécesseurs ou de ses contemporains, ce qu'il transmit à la postérité. Ainsi seront déterminés son mérite, son rôle et la part d'honneur qui lui revient dans l'histoire de la science économique.

Rappelons d'abord que c'est Montchrétien qui, le premier, a inauguré le nom même de la science, l'économie politique. Nulle part ce double mot ne se trouve employé dans le cours du xvie ni du xviie siècle, et il n'apparaît au xviiie avec quelque éclat que vers 1755, dans l'article sur ce mot composé par J.-J. Rousseau pour l'encyclopédie de Diderot et d'Alembert. Encore Rousseau ne lui donne-t-il que le sens trop général et vague d'organisation naturelle des sociétés (1), il faut arriver en 1763, à l'italien Verri, pour le trouver employé dans le sens spécial de la production et de la distribution des richesses (2). C'est dans cet ordre d'idées que Montchrétien l'avait déjà renfermé, car le privilége royal pour l'impression donne pour titre à l'ouvrage le *Traité économique du trafic*, et le livre entier se rapporte exclusivement aux intérêts qui dérivent du travail et de l'échange, comme sources de richesses.

Ce n'est pas que le nom très-voisin d'*œconomique* ne fût déjà en circulation ; la langue moderne l'avait reçue de l'antiquité, sous les auspices respectés d'Aristote et de Xénophon, l'un et l'autre, auteurs des livres *œconomiques* qui étaient familiers aux lettrés de la Renaissance, et

(1) Dans son grand Dictionnaire de la langue française, au mot *Economie politique*, M. Littré dit : « L'Economie politique paraît avoir désigné anciennement la politique théorique, ce qui a rapport à la constitution intérieure et extérieure des Etats, » et il cite à l'appui le *Traité d'Economie politique*, par A. de Montchrétien. L'exemple n'est pas heureusement choisi, cette signification politique étant absolument étrangère au *Traité*. L'article de Rousseau eût été cité plus à propos.

(2) Joseph Garnier, *Journal des Economistes*, 1852, t. XXXII, p. 309 ; t. XXXIII, p. 12.

avaient même été traduits en français (1). Mais dans le sens antique l'*œconomique* était la science du gouvernement de la famille, du ménage privé. Aussi le livre d'Aristote porte-t-il dans les traductions latines le titre : *De re familiari* (2); et M. Barthélemy Saint-Hilaire, dans sa traduction française de la *Politique* (3), emploie-t-il toujours le mot *domestique*, conformément au sens littéral de l'*œconomique*, οἰκονομική. Pour les Grecs et pour les Latins, c'était l'art de bien administrer la maison, rien de plus. En des temps où le travail était abandonné aux esclaves, où le commerce était une profession avilie, les objets de l'activité et de l'ambition des citoyens étaient seuls dignes de la philosophie qui contournait plus qu'elle n'abordait l'économie politique. Aristote cependant y avait pénétré par quelques vues profondes sur l'acquisition des richesses, dont il faisait même une science spéciale sous le nom de *chrématistique* (4), mais il se contentait de l'effleurer. « Ces

(1) L'*Œconomique* d'Aristote, par Oresme, d'après une version latine. Les *Œconomiques* d'Aristote et ceux de Xénophon, par La Boëtie, ce dernier sous le titre de *Ménagerie*. Voir *Œuvres* complètes d'Etienne de La Boëtie, par Léon Feugère, 1846.

(2) Voir édition Du Val, en 4 vol., in-folio, 1619.

(3) *Politique*, liv. Iᵉʳ, ch. ii, iii et iv.

(4) Le savant traducteur juge ainsi ces aperçus : « Toute la théorie d'Aristote sur l'acquisition naturelle et sur l'acquisition dérivée mérite une grande attention, comme l'un des premiers essais en économie politique. L'antiquité ne nous a laissé rien d'aussi complet (t. I, p. 60). — Deux bien graves erreurs déprécient la doctrine d'Aristote : la légitimité de l'esclavage et l'illégitimité du prêt à intérêt. — Ampère et M. Cournot ont tenté, sans y réussir, de faire revivre le mot, bien fait pourtant, de *chrématistique*.

généralités doivent nous suffire, dit-il ; des détails spéciaux et précis peuvent être utiles aux métiers qu'ils con-
cernent; pour nous ils ne seraient que fastidieux. » Entre-
tenue par le mysticisme du moyen-âge, dédaigneux de la
richesse, cette disposition d'esprit se modifie au spectacle
de la prospérité des républiques italiennes et de la Hanse
allemande, suivie de la découverte du Nouveau-Monde.
Le sens économique se forma sous l'influence de ce courant
séculaire d'affranchissement qui, par le travail et le commerce, éleva à la liberté et à l'aisance les habitants des
villes associés en commune, et prépara l'avènement du
Tiers-Etat. Alors apparurent des notions nouvelles sur les
conditions politiques et légales les plus favorables à l'agriculture, à l'industrie, au trafic, et sur les devoirs des
gouvernements envers les classes laborieuses. Pendant le
règne des Valois et sous Henri IV, plusieurs lois sages
avaient été édictées, et de vigoureux esprits s'étaient livrés
à ces études, sans que les idées dispersées eussent reçu
une exposition systématique. En ceci comme en tout, la
pratique devançait la théorie. Quand Henri IV disparut de
la scène, la science des intérêts matériels qu'il avait appliqués avec un zèle si chaleureux et si persévérant, n'avait
pas encore reçu de nom en France. En Angleterre même,
où le progrès économique était plus avancé, Bacon traçait
le tableau encyclopédique des connaissances humaines,
dont il agrandissait le cadre sans y comprendre la science
économique. L'*OEconomique* qu'il mentionne aux côtés de
la Politique, n'a en vue que les affaires de la famille :
« Venio jam ad artem imperii, sive doctrinam de Republica
« administranda : sub qua etiam œconomica continetur, *ut*

familia sub civitate (1). Dût-on supposer, qu'à raison de
ce rapprochement avec la politique, Bacon a entendu la véritable économie politique, celle qui embrasse les intérêts
publics, la priorité de Montchrétien, bien qu'il ait pu connaître Bacon à la cour de Jacques 1er, n'en serait pas
atteinte, car le célèbre philosophe, homme d'Etat discret
non moins qu'écrivain profond, garda sur l'une et l'autre
science un silence absolu. « In hac parte, sicut antea
« dixi, silentium mihi imperavi. »

C'est donc Montchrétien qui, dès l'année 1615, inau-
gura dans la langue française, et par elle dans le monde
moderne, le nom d'*Economie politique*, et lui donna le
sens précis et circonscrit qui lui est généralement attribué.

Cette chance, si heureuse et si rare, de doter une science
d'un nom qui lui reste, ne fut pas un coup de fortune
dont le principal mérite revienne au hasard. D'après un
passage de la dédicace de Montchrétien au prince de Condé
(édition de ses tragédies, 1606), on peut croire qu'il se
préparait, depuis plusieurs années, à cette voie nouvelle.
« La grandeur de votre nom demande quelque chose de
plus sérieux, et mon humeur de maintenant est plus portée
à un autre sujet d'écrire. » Avant de nommer la science,
il en avait nettement conçu le principe et tracé les limites.
On a vu plus haut (2) avec quelle netteté de vue il reproche à Aristote et Xénophon de n'avoir pas saisi le lien

---

(1) *De augmentis scientiarum* Edition Bouillier, t. I, p. 438. La
première édition de cet écrit, en anglais, parut en 1605. Dans son
ouvrage sur Bacon, M. de Rémusat ne relève aucun trait qui se
rapporte à une doctrine économique.

(2) *Suprà*, p. 24.

qui unit l'économie politique à l'économie domestique et
à la politique ; il le saisit et le discute avec fermeté. On
croyait jusqu'à présent que, jusqu'au xviiie siècle, « l'économie politique était confondue avec la philosophie, la
politique, la morale, le droit et l'histoire (1). » Il faut reconnaître que la distinction remonte au moins un siècle
plus haut ; elle est très-nettement établie dans le *Traité*
de Montchrétien, comme l'attestent et le cadre méthodique
de son plan, dont il exclut tout ce qui touche à la noblesse
et au clergé, et la division de l'ouvrage en quatre grands
livres (arts mécaniques, commerce, navigation, matières
diverses) avec des sommaires que nous avons reproduits.
Ce vaste ensemble embrasse le cercle presque entier de
l'activité matérielle, bien distincte de tout autre, quoique
touchant à tout. L'auteur déploie ses vues, en ligne tantôt
droite, tantôt un peu ondoyante, mais sans jamais se jeter,
que dans de rares passages, en dehors du terrain véritablement économique. Ce terrain, d'autres après lui le
fouilleront plus profondément, ou l'éclaireront de plus de
lumières, ou en étendront les frontières, mais le fonds en
sera toujours l'industrie (en y comprenant l'agriculture),
le commerce et la navigation : tous ces emplois de l'activité
humaine étant, du reste, étudiés, non dans leurs procédés techniques, mais dans les lois naturelles et civiles
qui en assurent ou en entravent l'essor.

Dans ce domaine, le travail de Montchrétien doit se diviser en deux parts ; l'une qu'il a héritée de ses devanciers

_____

(1) Wolowski, préface de la traduction des *Principes d'Economie politique*, de Roscher (t. I, p. 41).

ou reçue de ses contemporains (1) ; l'autre qui lui est plus directement propre.

Nourri de l'étude de l'antiquité grecque et latine, il pa·raît étranger à ce mouvement moderne, issu de la Renaissance et de la Réforme, que jalonnèrent en France, durant le cours du seizième siècle, les noms, fameux à divers titres, de Rabelais et Charron, de Montaigne et la Boëtie, esprits hardis et profonds qui portèrent sur la société, la religion et la politique des censures tour à tour railleuses ou indignées, amères ou caustiques. Plus enclin à l'organisa·tion qu'à la critique, Montchrétien se rapprocherait davantage des publicistes initiés aux affaires d'Etat, comme Bodin, ou des industriels, artistes et inventeurs, comme Palissy (2). Cependant, pour ceux·ci comme pour ceux-là, on ne trouve dans son *Traité* aucune trace de leur nom, aucun reflet de leurs œuvres, en dehors de ce courant qui portait les esprits d'élite vers les hautes sphères de la réflexion et de l'action. Mais plus près de lui, et tout à fait ses contemporains, avaient vécu d'autres personnages qu'il avait dû rencontrer à Rouen et à Paris : Barthélemy Laf-

(1) En rendant compte de la notice de M. Joly sur Montchrétien (*Revue des Provinces*, t. IX, p. 357, novembre 1865), M. Alph. Feillet a bien saisi les traits principaux du mouvement économique contemporain, dont Montchrétien fut l'interprète.

(2) Rabelais (1483-1553) ; Palissy (1510-1590) : Bodin (1530-1596) ; La Boëtie (1530-1563) ; Montaigne (1533-1592) ; Charron (1541-1603). — On peut rapprocher de ces noms Michel de L'Hôpital (1505-1573) ; Etienne Pasquier (1529-1615) ; Th. Agrippa d'Aubigné (1550-1630) ; Jacques-Auguste de Thou (1553-1617) ; Sully (1560-1641).

femas, valet de chambre du roi, plus tard contrôleur général du commerce ; son fils Isaac Laffemas, avocat au Parlement ; Olivier de Serres, le seigneur huguenot du Pradel. De ces conseillers habituels ou accidentels de Henri IV, écoutés toujours avec faveur, Montchrétien a subi, l'influence, quoiqu'il n'invoque pas leur autorité ; car son économie politique est, en beaucoup de points, l'écho de leurs propres leçons. Nous n'y ajoutons pas Sully, parce que ses *Mémoires* ne commencèrent à paraître que bien après le *Traité ;* mais notre auteur put recueillir ses entretiens à la suite de la Cour.

Barthélemy Laffemas, né à Beausemblant en Dauphiné (1), avouait n'avoir jamais été aux écoles, et « le peu qu'il savait, il l'avait appris en faisant trafic de marchandises, tenant l'argenterie du roi (2). » C'est en l'an 1576 qu'il avait levé boutique. Vingt ans après, on le trouve valet de chambre ordinaire du roi, et obtenant la permission de faire imprimer divers traités à l'occasion de l'Assemblée des notables, tenue à Rouen en 1597, qui s'inspira de son règlement général des manufactures. Son crédit se fortifiant, il devient, vers 1604, contrôleur général du commerce, et prend part, avec le titre nouveau de sieur de Beausemblant, aux délibérations de l'Assemblée du commerce qui se tint à Paris cette année (3). A Paris, comme à Rouen, il se fait, avec conviction et non sans

---

(1) Beausemblant est aujourd'hui un village de l'arrondissement de Valence (Drôme).

(2) Quatrième traité, p. 15.

(3) Voir dans l'*Histoire de Henri IV*, par Poirson, t. III, le chapitre consacré à Barthélemy Laffemas.

compétence, l'avocat de la politique économique, qui, depuis un demi-siècle, pénétrait dans les esprits et dans les lois : réformes réglementaires de l'industrie et du commerce, encouragements aux manufactures, protection contre la concurrence étrangère. C'est lui qui proposa, en place des douanes et autres impôts, une taxe d'un sou par livre sur toute marchandise mise en vente, taxe qui fut bien vite frappée d'une éclatante impopularité. Sa doctrine économique se résumait en cette maxime qu'il eût voulu ériger en loi : « Que défense soit faite à toutes personnes de quelque qualité qu'elles soient de ne porter en habits ni user en aucuns meubles de maisons d'autres étoffes ou marchandises et ouvrages, sinon qu'ils aient été élaborés, facturés et ouvrés en ce royaume. » Il exceptait pourtant de cette proscription, le sucre, les épices, l'or et l'argent. Pour ses débuts, le génie de la prohibition atteignait d'un bond ses limites extrêmes ; et par une étrange inconséquence, qui s'est revue depuis Henri IV, Laffemas n'en accusait pas moins « ceux qui n'ont pas « jugement de dire que l'on veut rompre le commerce des « étrangers, lequel au contraire se fera par mer et par terre « plus que jamais. »

A ces excès, d'un zèle aveugle sans doute, mais où le patriotisme dominait, non l'égoïsme, on voit Laffemas associer bon nombre de vues plus justes. Il se plaint de la multiplicité des maîtrises à Paris, « ce qui montre l'abus pour faire croître de plus en plus les pauvres et monopoles au public. » Il blâme le réglement pour chaque classe de la société, des vêtements qu'elle doit porter. « Il faut donner aux Français la liberté que chacun porte ce qu'il voudra des étoffes manufacturières en ce dict royaume » par ce motif entr'autres, qui révèle un fin politique, du danger qu'il y a que le peuple puisse aisément se compter. Il réprouve la contrainte par corps récemment introduite, et ce qui étonne davantage, la justice consulaire, à laquelle il eût préféré l'institution de juges spéciaux avec l'adjonction d'un jury particulier pour les affaires commerciales dans les tribunaux ordinaires. Il trouve du reste beaucoup à redire même à la justice civile et criminelle. Il apprécie l'utilité de certaines dépenses d'un luxe utile. « Faut croire que ceux qui sont braves en meubles et vêtements, et qui font édifices et bâtiments, ont plus de mérite faisant vivre le menu peuple, que les avares qui enferment leurs trésors, et les mettent en usure, lesquels engendrent la pauvreté. » Il blâme vertement les aumônes faites « avec les restes des grosses cuisines, qui devraient être réservées aux pauvres honteux, aux familles chargées d'enfants, aux prisonniers pour dettes, » au lieu d'en faire triomphe par les rues « les donnant à la gueuserie pour faire apparaître devant les hommes que (les gens de bonnes maisons et de grosses cuisines) sont de grands aumôniers. » L'aumône serait également faite à propos en habillements aux pauvres valides, et en quelque argent pour marier les filles. Contre l'oisiveté, où vivait une partie du peuple des campagnes, faute de travail autant que faute de bon vouloir, Laffemas propose la création au voisinage des principales villes de « villages publics, dont l'un pour les femmes mariées et filles, afin d'y faire travailler de force les gueux et fainéants, enfants désobéissants, serviteurs et chambrières. Il réclame la punition

sévère de l'ivrognerie, que favorise dès lors la multiplicité
des tavernes et cabarets, dont il rapproche un peu témé-
rairement « les monopoleurs de change et rechange. » Dans
ses plans ces mesures se concilient avec la liberté du
commerce, qu'il accepte comme le but d'une saine politique. « Il est besoin de donner une police perdurable,
et sur ce parler de celle du commerce, pour faire qu'il soit
libre tant par mer que par terre, au moyen d'un ordre
bien établi, avec rigoureuse punition et bonne justice. »
Esprit réformateur, Laffemas est chargé de donner à l'Assemblée de 1597 un avertissement « pour apporter à un
chacun ce qu'ils trouveront nécessaire au fait du commerce, » sorte d'enquête faite par ordre du roi par les
seigneurs de Rambouillet, président de Rys et Versigny,
avec le prévôt des marchands de Paris. A l'Assemblée de
1604 il recommande « l'invention nouvelle de faire filer en
un seul atelier grande quantité de toutes sortes de laines,
poils et cotons, lins, chanvres, filoselles et autres semblables étoffes par les petits enfants, aveugles, vieillards,
manchots et impotents, unis en lieu un, sans travail ni
peine de corps, plus en un jour qu'il ne s'en peut faire en
trois par les quenouilles et en plus grande perfection. »
Cette machine est sans doute le rouet à filer. A la même
Assemblée, Laffemas propose l'exécution du canal de Lan-
guedoc : « autre entreprise très-importante et bien plus
hardie de joindre les deux mers ensemble, et d'en rendre
la navigation facile de l'une à l'autre, au travers de la
France sans plus passer au détroit de Gibraltar, par le
moyen d'un canal bien plus facile à faire entre les deux
rivières qui passent, l'une de Tholose en l'Océan et l'autre

de Narbonne en la Méditerranée, que celui qui se fait pour joindre les rivières de Seine et de Loire (canal de Briare).» Voilà bien, exposée avec une précision qui ne laisse aucun doute, l'œuvre que Riquet exécutera soixante-dix ans plus tard. Laffemas propose encore l'introduction du riz dans le midi de la France, à l'instar de ce qui s'est fait en Italie.

Il s'associa surtout, avec un zèle que n'égara aucune jalousie, à la propagation du mûrier et des vers à soie, qu'entreprit Olivier de Serres à l'appel de son roi.

Ces idées, pour la plupart rationnelles, qui montrent une intelligence ouverte et une volonté résolue, capables de comprendre et de servir le génie de Henri IV, justifient les éloges que lui ont décerné des écrivains de mérite (1). Laffemas du reste ne fut méconnu ni de son roi ni de ses contemporains. Premier théoricien des réglements industriels et de la prohibition, et en même temps de l'utilité des manufactures, il vit ses doctrines acceptées par les Assemblées de Rouen et de Paris, et récompensées par la charge lucrative de contrôleur général du commerce. Elles pénétrèrent dans les esprits, devinrent en quelque sorte la foi commune de son temps. On en trouve le reflet très-marqué, — et c'est par là que son nom rentre dans le plan de notre étude, — dans l'ouvrage de Montchrétien, qui les revêtit de ces couleurs littéraires qui manquaient entièrement au style de Laffemas.

(1) Philarète Chasles, *Etudes sur le seizième siècle*, p. 206. — Weiss, *Biographie universelle*. — Poirson, *Histoire de Henri IV*, t. III.

Le second personnage, dont nous reconnaissons l'influence dans le *Traité de l'Économie politique*, est ce
même Olivier de Serres que nous avons, à l'occasion de
la soie, rapproché de Laffemas, presque son compatriote,
car le Rhône seul sépare le Vivarais du Dauphiné. Né en
1535, à Villeneuve-de-Berg, assidu dès sa jeunesse à la
lecture des anciens et à la culture de son patrimoine du
Pradel, bientôt renommé dans le royaume pour ses succès
agricoles, Olivier fut appelé, en 1599, auprès de Henri IV,
qui, après l'avoir écouté, décida, contrairement à l'opinion
de Sully, dans un entretien célèbre, la multiplication des
mûriers et l'établissement des manufactures de soie : « Il
y apporta, dit-il, une telle diligence qu'au commencement
de l'an 1601, il en fut conduit à Paris, jusques au nombre
de quinze à vingt mille, lesquels furent plantés dans les
jardins des Tuileries, où ils se sont heureusement élevés....
Et pour d'autant plus accélérer et avancer ladicte entreprise, et faire connaître la facilité de cette manufacture,
Sa Majesté fit exprès construire une grande maison au bout de
son jardin des Tuileries, à Paris, accommodée de toutes
choses nécessaires, tant pour la nourriture des vers que
pour les premiers ouvrages de la soie (1). (C'est l'emplace-
ment occupé aujourd'hui par l'Orangerie.) De là les mûriers et les *magnans* se répandirent dans les généralités
de Paris, Orléans, Tours et Lyon. Dès l'année précédente
(1599), Olivier de Serres avait composé un Traité de la
Cucillète de la soie, adressé à MM. de l'hôtel de ville
de Paris, chapitre détaché du *Théâtre d'agriculture et*

---

(1) *Théâtre d'agriculture*, édition de 1805, t. II, p. 110, 111.

mesnage des champs, qui parut peu après, et obtint un succès inouï. Entre l'année 1604 et l'année 1615, l'ouvrage eut six éditions, dont Montchrétien prit nécessairement connaissance. A cette source il a dû puiser, comme ses contemporains, son estime si chaleureuse pour le mûrier et pour la soie, dont il vante les charmes et les profits. Son approbation s'étend, avec la même ardeur, à toutes les branches de l'agriculture ; et d'où lui serait venu ce sentiment, si nouveau en cette époque (1) et des plus perspicaces, ailleurs que de ce livre, tout imbu d'amour pour la vie agricole, et qui, par la solidité des leçons, l'étendue et la variété du savoir, la naïveté et la souplesse du langage, se pliant aux détails les plus humbles comme aux plus nobles, est resté l'un des monuments les plus précieux de notre langue (2), non moins que de notre économie rurale?

A la double influence de Barthélemy Laffemas et d'Olivier de Serres, on pourrait joindre, sans témérité, celle d'Isaac Laffemas, fils de Barthélemy, sieur de Humont, avocat au Parlement, auteur d'une *Histoire du commerce,* qui parut en 1606 (3) : dans ce livre revivent en effet

(1) Les *Maisons rustiques* et les *Traités d'agriculture,* connus dès cette époque, manquaient tout à fait de ce charme qui, dans Olivier de Serres, fait aimer la vie rurale.

(2) Ce mérite littéraire n'a pas échappé à M. Philarète Chasles, dans ses *Etudes sur le seizième siècle,* p. 206-207.

(3) L'*Histoire du commerce en France,* enrichie des plus notables antiquités du trafic des pays estrangers, par Isaac de Laffemas, sieur de Humont, advocat en parlement. Paris, Toussaincts de Broy, 1606. In-18. — On lui doit aussi un *Avis pour la suppression du luxe.* 1614.

toutes les doctrines du père, sur les règlements industriels, la protection, la prohibition, et aussi le même zèle pour les manufactures de soie ; mais sans originalité. Aussi Isaac leur doit-il moins sa notoriété qu'au rôle qu'il remplit plus tard, de servile instrument des rigueurs de Richelieu, ce qui lui valut la terrible définition du jurisconsulte Despeisses : *Vir bonus, strangulandi peritus* (1).

Ces doctrines individuelles étaient tantôt les sources, tantôt les reflets d'un mouvement général d'idées économiques qui s'étaient fait jour sous les Valois, surtout dans les cahiers du Tiers aux Etats-Généraux (Blois, 1576 et 1588), et avaient inspiré plusieurs ordonnances restées célèbres. Prenant une importance décisive avec l'établissement de la paix au dedans et au dehors, les réformes de cet ordre étaient devenues une tendance caractéristique du règne de Henri IV, qui les avait sanctionnées par divers édits et traités, et elles revivent, avec l'autorité que l'on sait, dans les *Économies royales* de Sully, qui les avait accomplies, pour une grande part, avant de les raconter.

Témoin du mouvement, Montchrétien était doué des talents et des connaissances qui le rendaient propre à y marquer sa place. Dès sa première jeunesse, il avait assisté à la tenue de l'Assemblée des notables, à Rouen, en 1596-97, où s'était dessinée, avec un relief vigoureux, la figure du président Claude Groulard, son protecteur. Il dut connaître aussi les délibérations de l'Assemblée du

(1) En son *Traité des Droits seigneuriaux*, cité par Bonnemère, *Histoire des Paysans*, t. II, p. 22.

commerce, tenue à Paris en 1604. Bientôt réfugié en Angleterre, plus tard industriel établi sur les rives de la
Loire, il était engagé, par ses souvenirs et ses affaires
autant que par la tournure naturelle de son esprit, dans
l'étude des questions économiques, agitées dans ces réu-
nions, et dont la solution pouvait lui profiter ou lui nuire.
Citoyen et patriote, il s'associait, par le cœur non moins
que par sa fortune, aux destinées de son pays. Toutes ces
tendances reçurent une nouvelle et plus vive impulsion des
États-Généraux de 1614, qui, s'ils ne passionnaient pas le
royaume, préoccupaient fort les hommes de sa trempe et
de sa condition. Vis-à-vis de cette assemblée des trois ordres, née des exigences de la situation politique plutôt que
de l'appel spontané de la monarchie. Montchrétien remplit,
toutefois sans en faire partie, le même rôle que Bodin
vis-à-vis des États-Généraux de Blois en 1576 : il se fit
l'écho des plaintes et des vœux de la bourgeoisie.

Daus la page que nous avons citée sur les misères du
peuple (1), ne croit-on pas entendre la voix de Miron, le
président du Tiers-État, proclamant à genoux devant le roi
et sa mère, mais avec une hauteur de langage qui démen-
tait l'humilité de l'attitude, ces accablantes vérités :

... « Le pauvre peuple travaille incessamment, ne par-
donnant ni à son corps, ni quasi à son âme, c'est-à-dire à
sa vie, pour nourrir l'universel royaume; il laboure la terre,
l'améliore, la dépouille, il met à profit ce qu'elle rapporte;
il n'y a saison, mois ni semaine, jour ni heure qui ne requiert un travail assidu... Et de son travail il ne lui reste
que la sueur et la misère; ce qui lui demeure de plus présent
s'emploie à l'acquit des tailles, de la gabelle, des aides et des

(1) *Suprà*, p. 40.

autres subventions... Ce pauvre peuple qui n'a pour tout partage que le labeur de la terre, le travail de ses bras et la sueur de son front, accablé de la taille, de l'impôt du sel, doublement retaillé par les recherches impitoyables et barbares de mille partisans, ensuite de trois années stériles, a été vu manger l'herbe des prés avec les brutes ; d'autres plus impatients, sont allés à millions en pays étranger, détestant leur terre natale, ingrate de leur avoir dénié la nourriture, fuyant leur compatriotes pour avoir impiteusement contribué à leur oppression, en tant qu'ils n'ont pu subvenir à leur misère (1)

Dans ce lamentable tableau, qui reconnaîtrait l'héritage de Henri IV ! Quelle décadence en quatre années de dilapidation sans frein et sans honte !

Montchrétien reproduit, avec la même énergique fidélité, et en les étayant de justes considérations, la plupart des vœux du Tiers-État (2). Avec cet ordre il demande :

Le rachat des domaines aliénés ;

La diminution des tailles ;

Le retranchement des pensions ;

L'expulsion des partisans ;

La suppression de plusieurs taxes locales ;

La révocation des offices inutiles ;

L'interdiction d'en créer de nouveaux ;

L'abolition de la vénalité des charges ;

(1) États-Généraux de France. Voir Rathery, p. 277 ; Bonnemère, t. II, p. 15. Voir aussi le livre de M. Boullée, sur les *États-Généraux*.

(2) Bazin, *Histoire de Louis XIII*, t. I, p. 185. — Aux États de 1614 remonte la première réclamation d'un cadastre par Claude Brosses, député du Dauphiné, qui en fit, dans sa province, l'objet d'une longue et vive revendication, suivie d'une véritable agitation (voir les *Notes inédites* de M. Alph. Feillet sur *Abraham Fabert*).

Le libre trafic avec la province de Canada ;

La liberté de l'industrie (sauf garanties) ;

La sûreté du commerce de terre et de mer ;

La suppression des épices judiciaires ;

La rémunération des magistrats par le prince ;

La simplification des procédures.

D'après ces rapprochements on ne peut refuser de voir dans Montchétien, publiant dès lors son *Traité de l'Economie politique*, le publiciste du Tiers aux États-Généraux de 1614, et ce mérite suffirait à tirer son nom de l'obscurité.

A ces éléments extérieurs, recueillis d'une main attentive et sûre, Montchrétien ajouta, de son propre fonds, beaucoup de vérités nouvelles dont l'originalité résulte des citations que nous avons données. Pour lui en assurer la priorité, il convient de jeter un coup d'œil sur l'état de la science économique en Europe à l'époque où parut le Traité.

C'est en Italie que les esprits avaient commencé à réfléchir sur cette classe d'intérêts et d'idées, étrangère au mysticisme et à la scolastique du moyen-âge (1), mais remise en lumière, avec un éclat saisissant, par la pros-

(1) Ainsi la *Somme théologique* de saint Thomas d'Aquin, cette vaste encyclopédie du XIIIe siècle, ne considère les richesses que comme cause de perdition ou moyen de salut, ce qui est le point de vue de l'Evangile. Tous les pères et docteurs caholiques enseignaient de même en ces temps le détachement des richesses : l'art de les produire, de les conserver et de les accroître ne pouvait sourire à des esprits qui se nourrissaient de l'*Imitation de Jésus-Christ*, comme idéal de la perfection chrétienne.

périté industrielle et commerciale de fameuses cités ,
Venise, Gênes, Pise, Florence, Milan : aussi dans l'ordre
chronologique, les noms de Botero, Davanzati, Scaruffi
devancent-ils celui de Montchrétien, dont Turbolo et Serra
sont les contemporains (1). Mais Botero avait suivi Machiavel dans les voies de la politique, et s'occupait de
l'Etat plus que de la richesse. Les autres se renfermaient
dans les matières spéciales de la monnaie et du change, à
l'exception d'Antonio Serra, dont le *Traité* embrassait
un champ plus étendu, mais circonscrit néanmoins aux
moyens de faire affluer l'or et l'argent dans les pays qui
manquent de ces métaux précieux. Ces moyens, il les indique du reste avec une sagacité qui lui assigne un rang
élevé parmi les économistes italiens : ce sont la fertilité

(1) Botero, né en 1540, mort en 1617. *Della ragione di stati*,
1589; *Relazio universale*, 1592 ; *Della causa della grandezza
della citta*, 1598. — Davanzati, né en 1529, mort en 1606. *Lezione
delle monete*, 1582 ; *Notizia de cambj.* — Scaruffi, mort en 1584.
*Discorso sopra le monete e della vera proporzione tra l'oro e
l'argento*, 1582. — Serra, dont on ignore la date de naissance et
de mort , publia , en 1613, son *Breve Trattato delle cause
che possono far abbondare li regni d'oro e d'argento dove non
sono miniere.* — Turbolo, au sujet duquel on n'est pas mieux in-
formé, publia, de 1616 à 1618, ses *Discorsi et Relazioni sulle
monete del regno di Napoli.* — Il convient d'ajouter que, dans l'ouvrage capital de Campanella , *Realis philosophiæ libri quatuor*,
l'économie remplit l'un des quatre livres, à côté de la physiologie,
de la morale et de la politique. -- Voir à la fin du mémoire.
Ces divers écrits (sauf ceux de Botero) sont compris dans les
deux premiers volumes de la collection des économistes italiens,
par Custodi, et analysés dans l'ouvrage de Pecchio, *Histoire de
l'Economie politique en Italie*, traduite par Gallois, 1830.

du sol, la situation géographique, les manufactures, la qualité des hommes, le commerce maritime, un bon gouvernement. Sans être l'égal de Montchrétien, Serra mérite d'en être rapproché, d'autant mieux que, par une singulière analogie, leur sort fut également triste. Associé à la conspiration tramée par Campanella, pour délivrer sa patrie du joug des Espagnols, il fut arrêté et passa dix années dans une dure prison. Quant à son livre, il resta presque ignoré de ses contemporains, et le fut totalement des générations qui suivirent (1) jusqu'au début de notre siècle. En ces temps, les économistes inclinaient aisément vers les réformes politiques ; et ils devenaient victimes de leur amour de la justice et de la liberté, dans des sociétés où l'iniquité et l'oppression tenaient plus de place que dans les nôtres.

Par la découverte du nouveau monde et les vastes colonies qu'elle y établit, l'Espagne semblait appelée à disputer de bonne heure à l'Italie le sceptre de la science économique. Elle s'y engagea en effet avec quelque ardeur ; mais en donnant à ses recherches le caractère politique et administratif qui répondait le mieux aux besoins immédiats de son gouvernement, plus occupé de domination que de production. Plusieurs de ses publicistes abordèrent cependant le terrain économique par des études sur les métaux précieux, les monnaies, les changes : c'était l'effet naturel de l'exploitation des mines du Mexique et du

(1) Le comte Custodi raconte, dans la préface de sa collection, que lorsqu'il voulut se procurer le traité de Serra, pour le rééditer, il eut beaucoup de peine à en découvrir deux exemplaires. La réimpression est de 1803.

Pérou. Hors de ce cadre spécial, nous ne rencontrons en Espagne, à cette époque, aucune étude d'un caractère général sur les lois économiques des sociétés (1).

En Angleterre, nous avons dit le peu que Bacon avait laissé tomber de sa plume trop discrète au sujet de l'*Economique :* un nom, une ombre, aucune réalité. Quant à Thomas Morus, qui, avant lui, avait constitué la république idéale de l'Utopie (2), il avait noyé quelques idées justes sur les sujets économiques et politiques dans le flot

(1) Dans son précieux *Catalogo de Escritores economicos españoles,* (2ᵉ édition, Madrid, 1853). M. Ramon de la Sagra, correspondant de l'Institut, donne la liste d'une quarantaine d'écrits antérieurs à l'an 1615, touchant de près ou de loin aux matières politiques, morales, juridiques, économiques. Les auteurs de cette dernière catégorie d'ouvrages traitent à peu près tous des questions monétaires. Ce sont : Villalon, *Provechoso tratado de cambios y contrataciones de mercadores y reprobacion de usura,* 1546 ; — Covarrubias, *Veterum numismatum collatio, cum his quæ modo expenduntur publica et regia auctoritate percussa,* 1556 ; — Mariana, *De monetæ mutatione; De ponderibus et mensuris,* 1599 ; — Bejarano, *Resolucion de las monedas y especies de perlas de la isla Margarita; Advertancia para la medida y calculo de los desmontes,* 1600 ; — *Declaracion del valor de oro conforme a la nueva pragmatica de Madrid de* 1612 *y de la plata* 1613. M. Ramon de la Sagra donne, en outre, la date et l'intitulé de nombreuses cédules royales relatives à la matière monétaire. Quant au mot composé : *économie politique,* et ses dérivés, ils n'apparaissent, en Espagne comme en France, que dans la seconde moitié du xviiiᵉ siècle.

(2) Morus, né en 1480, mort en 1535. *De optimo reipublicæ statu, deque nova insula Utopia,* Louvain, 1516. Voir le chapitre consacré à Morus par M. Franck dans ses *Réformateurs et publicistes.*

de ses rêveries morales et sociales. Les auteurs anglais qui ont acquis plus tard un nom dans l'histoire économique, Joseah Child, Davenant, Locke, Petty, Dudley-North, sont tous de beaucoup postérieurs à Montchrétien (1).

Un titre plus ancien, mais plus restreint, est celui du polonais Copernic, auteur du traité *Monetæ cudendæ ratio*, dont la doctrine est tout entière sanctionnée par la science moderne (2).

Dans cette voie, Copernic avait été devancé en France par Nicole ou Nicolas Oresme, ce conseiller de Charles V, devenu évêque de Lisieux, que j'ai cité, au début de ce travail, comme un des précurseurs de la science. Son mérite est grand en effet, mais limité au terrain spécial des monnaies (3). Après lui, pour trouver en France des théories plus générales sur les matières économiques, il faut

(1) Mun écrivait vers 1635 ; — Child, né en 1630, mort en 1699 ; — Davenant 1656-1714 ; — Petty, 1623-1687 ; — Locke, 1672-1704 ; — Dudley-North ; ses discours parurent en 1691.

(2) Ouvrage composé en latin, en 1526 : mais connu seulement en 1599, par une analyse imprimée en vieil allemand, et publié pour la première fois dans le texte original, en 1816, dans le *Mémorial de Varsovie*, reproduit dans les *Œuvres de Copernic*, 1854 ; enfin édité, avec une traduction française, en 1864, par M. Wolowski, à la suite de sa belle édition du *Traité d'Oresme*, dont le titre exact est reproduit dans la note suivante. — Copernic, né en 1473, mourut en 1543.

(3) *Traictié de la première invention des monnoies*, de Nicole Oresme, texte français et latin, d'après les manuscrits de la Bibliothèque impériale..., par M. L. Wolowski, membre de l'Institut, grand in-8°, Paris, 1864, Guillaumin. — Oresme, né vers 1320, mourut en 1382.

11

franchir deux siècles et arriver jusqu'à Bodin (1), dont les
travaux, quelque variés et étendus qu'ils soient, ne présentent cependant pas un corps de doctrines embrassant
l'ensemble des intérêts sociaux qui se rapportent à la production et à la consommation des richesses : ce sont plutôt
des aperçus, souvent nouveaux et profonds, sur les revenus publics, le commerce, le prêt à intérêt, les climats,
le luxe, les monnaies, études d'une inspiration principalement politique, où le gouvernement de la société occupe
plus de place que le travail et l'échange. Entre Bodin et
Montchrétien, malgré d'assez nombreux écrits qui touchent
à la science (2), aucun nom d'économiste n'apparaît.

(1) Jean Bodin, né en 1530, mort en 1596. *La République*,
in-8°, 1576. — Voir le livre que lui a consacré M. Baudrillart.

(2) Parmi lesquels on peut citer Fromenteau : *Secret des
finances de France*, 1582. — Montand, *Miroir des Français*, 1582.
— Hurault, *Discours sur l'état de la France*, de 1588 à 1592. —
Traité du revenu et de la dépense de la France, ms. de 1607,
sans oublier les deux Laffemas. — On a cité, plutôt comme des
curiosités que comme des traités afférant à l'économie politique :
Guillaume Aubert, *Oraison de la paix perpétuelle*, 1559. —
Pierre Tahureau, *Traité de la police et république française*. —
Regnault, *Observations sur l'état et peuple de France;* — et
celui-ci, dont le titre singulier révèle un esprit de spéculation bien
inattendu au XVIe siècle : *Discours œconomique montrant, comme
par le ménagement de poules, de cinq cents livres une fois employées, on peut tirer par an quatre mille cinq cent livres de
profit honnête,* par Prudent Choiselat, 1572.

Il est sans doute superflu d'ajouter que de nombreux aperçus
économiques se trouvent incidemment traités par les légistes,
théologiens, philosophes, politiques, littérateurs de ce grand
XVIe siècle, dont MM. Villemain, Saint-Marc Girardin, Sainte-

Après ce dernier, les premiers écrivains dignes de ce nom sont Boisguillebert et Vauban, au seuil du dix-huitième siècle, précédant de quelques années l'abbé de Saint-Pierre, qui continue leurs recherches d'amélioration sociale, avec le même amour du bien public, dirigé surtout vers la justice, l'éducation et la bienfaisance (1). Les physiocrates n'apparaissent qu'au point culminant du dix-huitième siècle (2).

Mis ainsi en lumière et en place à la date de son œuvre, Montchrétien nous apparaît de toutes parts, comme économiste, sinon comme publiciste, dans un isolement qui rehausse son mérite ; de ses devanciers et de son temps il ne reçut que des matériaux dont il contruisit un monument scientifique où brillent la plupart des principes dont la postérité mal informée a fait honneur à d'autres penseurs, qui ne le suivirent qu'à longue distance.

Après Sully, mais avant les physiocrates, il apprécia la puissance productive de l'agriculture, sans méconnaître, comme ils le firent, la fécondité de l'industrie manufacturière et commerciale.

Avant Richelieu et Colbert, il reconnut la puissance productive de l'industrie et des manufactures, l'importance

Beuve, Philarète Chasles, ont tracé d'éloquents et savants tableaux. Il ne faut pas négliger non plus les cosmographes et voyageurs du temps, Belleforêt, Thevet, la Popelinière, etc.

(1) Boisguillebert, né en 1646, mort en 1724. — Vauban, né en 1633, mort en 1707. — L'abbé de Saint-Pierre, né en 1658, mort en 1743.

(2) Le *Tableau économique* de Quesnay date de 1758.

du commerce extérieur et de la marine ; mais sans leur sacrifier l'agriculture, comme fit surtout Colbert.

Avant Boisguillebert et Vauban, il répudia l'idée que la richesse consistait principalement dans les métaux précieux, et, grâce à cette rectitude d'opinion, il échappa aux erreurs du système mercantile.

Avant Fénelon et l'abbé de Saint-Pierre, il enseigna hautement à un roi de France que l'éclat de sa couronne et le prestige de son royaume pouvaient s'obtenir par le travail, le commerce et la paix, sans aucun recours à la guerre.

Avant Turgot et Adam Smith, Montchrétien glorifia le travail comme le principe suprême de la richesse, comme le meilleur remède au paupérisme.

Sur la division du travail, la concurrence, le crédit, les machines, les métaux précieux, les monnaies, les débouchés, les profits, les transports, même sur la liberté du commerce, qu'il n'entend restreindre que pour un petit nombre d'objets, il professe les doctrines les plus correctes, qui, élaborées dans les deux siècles suivants par des savants spéciaux, sont devenues les dogmes mêmes de la science.

Mais le titre qui le recommande le plus hautement à l'estime de ses successeurs, c'est que, le premier entre les économistes modernes, il affirma et prouva que l'esprit de l'homme est le moteur par excellence, comme seul foyer des lumières de la raison, comme régulateur des forces animées ou inertes de la nature ; et, guidé par cette vérité, il fit de l'éducation morale et professionnelle le pivot des progrès économiques. Par cette théorie

féconde et profonde, il se place en tête de l'école économique du dix-neuvième siècle, qui a seule bien compris
cette grande doctrine.

Enfin, sur un autre point capital, la colonisation, Montchrétien rectifia Sully et précéda Richelieu, en évitant
les erreurs de Colbert et celles, en sens contraire, de la
plupart des économistes, avec une telle justesse d'idées,
qu'aujourd'hui encore il se trouve, sur ce point, un maître
au niveau des plus avancés.

On sait en effet que par une excessive réaction contre le
système colonial de Colbert, frappé de justes censures, la
science économique, à part de rares et d'autant plus honorables exceptions (1) a exclu de son cadre et surtout de
ses sympathies la colonisation, qui en est pourtant, à vrai
dire, le couronnement, sinon la base même. En France,
la colonisation n'a sa théorie dans aucun cours, son chapitre dans aucun traité ; les meilleurs livres contiennent
à peine çà et là quelques pages sur les colonies (2).
L'émigration, nécessaire prélude de la colonisation, est
plus effacée encore : c'est au point que notre ouvrage sur
ce sujet, que l'Académie (3) a honoré de son suffrage, a

(1) Parmi lesquelles il faut citer les travaux de MM. le baron
Charles Dupin et Michel Chevalier, qui, en opposition sur tant de
points, s'accordent, dans leurs ouvrages, à faire à la colonisation
une large part dans les destinées humaines. M. Courcelle-Seneuil
doit leur être adjoint.

(2) Voir J.-B. Say, Rossi, Batbie.

(3) *Histoire de l'émigration européenne, asiatique et africaine
au XIX* siècle*, couronnée en 1861 par l'Académie des Sciences morales et politiques (Guillaumin, 1862), et complétée en 1864, par *Les
Colonies et la Politique coloniale de la France* (Arthus Bertrand).

dû ouvrir, par des recherches tout à fait de première
main, cette voie nouvelle, ou du moins bien peu frayée.
Dans ce vaste et continuel déplacement d'hommes et de
capitaux, où une exacte appréciation des choses découvre
une des lois fondamentales de l'humanité, le préjugé tradi-
tionnel ne voit qu'un malheur (1), une faute, un effet de
l'esclavage et des monopoles qui furent le cortége fatal,
mais non obligé, du premier âge de la plupart des colonies. L'harmonie préétablie par la Providence entre les
populations et les subsistances, à la condition que le globe
soit peuplé et cultivé, n'est pas même mise en discussion :
on trouve plus simple de réduire la population que d'ex-
ploiter, avec une vigueur proportionnée aux besoins, l'entier champ du travail.

Au seuil du dix-septième siècle, Montchrétien, guidé par
la religion, le patriotisme et la science, s'est montré plus
clairvoyant. Par une pénétration qui, à elle seule, était à
cette date la marque d'un esprit supérieur, il a nettement
perçu les causes et les effets de la fonction colonisatrice,
et fixé, sans aucun mélange d'erreur, les principales règles
de l'établissement des colonies, tout en ne les appliquant
qu'à sa patrie. Son programme est aujourd'hui encore
plein de vérité et d'à-propos ; et au bout de deux cent cinquante ans écoulés, sa voix encourage les rares écono-

_____

(1) Je découvre tardivement, dans le *Recueil des anciennes
lois françaises*, d'Isambert, un édit de François I", daté d'Anet,
16 juillet 1540, qui défend l'émigration, excepté à ceux qui ont des
bénéfices et propriétés hors du royaume. Malheureusement Isambert n'a pu découvrir le texte de cet édit, qui a été cependant
enregistré en la chambre des Comptes de Grenoble.

mistes qui, se portant en avant de leurs contemporains, s'appliquent à élargir dans cette direction, les limites trop étroites de l'économie politique.

L'indifférence qui survit encore, en France particulièrement (1), vis-à-vis cette branche nouvelle ou renouvelée de la science, existait au temps de Montchrétien, vis-à-vis la science entière, et par la même raison : le peu de souci du lointain et de l'inconnu.

En ce temps, l'économie politique était l'avenir, l'inconnu ; ignorée, elle ne pouvait être ni désirée, ni appréciée : aussi le plus profond silence paraît-il avoir été le seul accueil fait au *Traité* durant les six années que vécut encore l'auteur.

En parlant de ses tragédies à l'occasion de sa mort (2), Malherbe ajoute : « Il donna en ce même temps-là un livre in-4° de sa façon, assez gros, à M. le garde des sceaux, et

___

(1) L'auteur de ce mémoire a essayé pour sa part de secouer l'indifférence publique et scientifique sur ce point par divers écrits, dont le principal est l'ouvrage intitulé : *Les colonies et la politique coloniale de la France.*

Le même sentiment anime le livre de M. A. Cochin, *Abolition de l'esclavage*, et celui de M. Cauchy, *Droit maritime international*, ainsi que la *Réforme sociale*, de M. Le Play. On peut croire qu'il n'a pas été étranger à la désignation qui a été faite par l'Académie du *Système colonial des peuples modernes*, comme sujet d'un prix de 3,000 francs à décerner en 1869.

(2) La citation entière a de l'intérêt. Lettres à Peiresc, Caen, 14 octobre 1621 :

« ..... Voilà la fin de Montchrétien. Vous le pouvez avoir vu, à la suite du Conseil, il y a, ce me semble, deux ou trois ans. Il a fait un livre de tragédies en vers français ; je crois que c'était ce me semble que le sujet de son livre était du commerce ou de quelque chose pareille. » Mention dédaigneuse qui accuse le poète, tenant en médiocre estime la prose commerciale.

Après sa mort, le silence ne put que redoubler : huguenot rebelle et brûlé, Montchrétien ne se recommandait pas à la sympathie des sujets catholiques de Louis XIII, Louis XIV et Louis XV. A partir de la révocation de l'édit de Nantes (1685), un obstacle légal renforça la répulsion religieuse ; les priviléges d'impression furent retirés à tous les livres composés par les disciples de Calvin, et le *Théâtre d'Agriculture* même d'Olivier de Serres, qui avait eu en soixante-quinze ans dix-neuf éditions, ne trouva pas un imprimeur pendant plus d'un siècle (1).

Mais le même scrupule ne pouvait retenir les philosophes amis de Voltaire, ni leurs disciples du siècle suivant ; cependant ils se taisent tous sur Montchrétien, bien

qui lui avait donné sujet de me venir voir deux ou trois fois. Il était homme d'esprit et de courage, dont il avait fait preuve en d'autres occasions qu'en celle-ci. Je me trompe ou il donna en ce même temps-là un livre in-4° de sa façon, assez gros, à Monsieur le garde des sceaux, et me semble que le sujet de son livre était du commerce ou de quelque chose pareille. Il était fils d'un apothicaire de Falaise, et dit-on que le nom de sa maison était Mauchrétien ; mais que, pour ce qu'il ne lui plaisait pas, il l'avait changé en Montchrétien. (*OEuvres de Malherbe*, édit. Hachette, t. III, p.557)

(1) La dernière édition de l'ancien régime est de 1675 ; la première du nouveau est celle de 1805, (François de Neufchâteau, Éloge d'Olivier de Serres, en tête du 1er volume de cette dernière, p. 24 et 25).

que ni l'homme ni l'œuvre ne fussent absolument inconnus : moins heureux que Kepler qui ne demandait à Dieu un lecteur qu'au bout de cent ans, notre économiste n'en a trouvé un qu'au bout de deux cents ans. Ce premier lecteur n'est ni Blanqui, ni M. Joseph Garnier, qui ont tout au plus ouvert ou feuilleté le *Traité ;* ce n'est ni M. Joly ni moi qui l'avons étudié : ce premier lecteur est le savant et consciencieux Monteil, qui, toujours en quête des sources de l'histoire nationale, découvrit Montchrétien, et le cita plus de trente fois dans les notes de son seizième siècle de l'*Histoire des divers Etats,* parue en 1833 (1). Cinq années après, en 1838, Blanqui, averti de l'existence du livre, l'inscrivait, avec quatre brèves lignes, dans sa bibliographie économique ; et après lui, quelques contemporains répétaient le nom sans lui accorder aucune importance (2).

Un silence aussi général, aussi prolongé et aussi immérité, qui atteste combien dans nos âges modernes, malgré

(1) Exactement 34 fois : t. VI de la 1ʳᵉ édition, p. 465, 466, 476, 512, 538, 540, 544, 522, 556, 586, 598, 600, 601, 602, 603, 608. Le *Traité de l'Économie politique* est encore fréquemment cité dans les notes du xviiᵉ siècle, dont les deux volumes parurent en 1839. — Neveu de Monteil par une double adoption de cœur, je me plais à rapporter à sa mémoire le mérite de cette évocation d'un livre inconnu, qui est presque une découverte.

(2) A partir de cette date, Montchrétien est quelquefois mentionné comme auteur du *Traité de l'Économie politique* : voir Ed. Fournier, édition du mémoire de la Gomberdière à Richelieu, dans la collection des *Variétés historiques et littéraires* de Janet, t. III, p. 111, et *passim.* — Levasseur, *Histoire des classes ouvrières avant* 1789, t. II, p. 155. — Roscher, *Principes,* traduits par

l'imprimerie « les livres ont leur destin » comme dans l'antiquité, ce silence portant sur un livre remarquable, dont le titre seul devait frapper l'esprit, est un phénomène de distraction ou d'injustice, unique peut-être dans l'histoire littéraire. La rareté du livre (1) y est pour quelque chose sans suffire à l'expliquer. Pour en avoir la clef, il faut redire avec Diderot, parlant des hommes de génie et des inventeurs méconnus (2).

« Il est des auteurs trop forts pour le temps où ils ont paru, ce qui fait qu'ils sont peu lus, peu entendus, peu goûtés, et qu'ils demeurent obscurs jusqu'à ce que le siècle qu'ils ont avancé soit écoulé, et que le siècle dont ils sont, avant qu'il soit arrivé, les ait atteints et rende enfin justice à leurs mérites. »

Il faut encore accuser nos habitudes d'insouciance dédaigneuse vis-à-vis les noms obscurs et les œuvres ignorées, en vertu d'une foi confiante à l'excès, malgré des démentis sans cesse renouvelés, dans la justice de la renommée. Pour l'économie politique en particulier, il y a eu pendant longtemps une sorte de parti pris de ne rien admettre de bon ni de possible avant l'ère de Quesnay et d'Adam Smith, proclamés sans conteste les premiers clas-

Wolowski, t. I, p. 32. — Frères Haag, *France protestante*, verbo Montchrétien, t. VII. Ces derniers ont fort bien apprécié leur coreligionnaire, mieux que les économistes. Nous avons déjà cité M. Joseph Garnier.

(1) Brunet, dans la première édition de son *Manuel du Libraire* (1820) ne parle que des tragédies de Montchrétien ; dans la cinquième et dernière, il mentionne le *Traité de l'Économie politique*, mais sans aucune indication de vente ni de prix.

(2) *Encyclopédie des Arts et Métiers*, au mot *Encyclopédie*.

siques de la science : les encouragements de l'Académie ont reculé les perspectives du passé, en mettant en relief la grande figure de Boisguillebert. Plus méconnu et moins protégé Montchrétien aura peut-être plus de peine à se faire accepter; il y parviendra pourtant, nous l'espérons. Et peut-être ne sont-ils pas tout à fait étrangers l'un à l'autre, ces deux économistes normands! Né et vivant à Rouen, s'occupant d'affaires publiques et d'idées économiques, Boisguillebert ne dut-il pas connaître le *Traité de l'Economie politique* imprimé dans cette même ville? L'hypothèse n'a rien que de très-vraisemblable.

Nous en sommes également réduits à une simple probabilité sur un second problème plus important. Le *Traité* fut-il connu de ses contemporains mieux que de la postérité, et exerça-t-il sur eux quelque influence?

Imprimé à Rouen en 1615, ce livre était certainement connu de l'assemblée des Notables qui se réunit dans cette ville en 1617. Nous en croyons reconnaître l'inspiration dans la déclaration suivante :

« L'Assemblée, considérant combien il importe à la réputation et à la grandeur du roi, à l'avantage de son service, à la commodité de ses sujets, que la navigation et le trafic par mer soient rendus libres et sûrs, et que l'expérience a fait voir que les exceptions faites de la liberté de commerce au-delà de la ligne donne lieu aux fréquentes déprédations et aux pirates barbares de tenir la mer, est d'avis qu'il plaise à Sa Majesté pourvoir au plus tôt aux moyens nécessaires pour entretenir dans ses principaux ports et hàvres, des vaisseaux de guerre garde-côtes en nombre suffisant; de faire traiter par les ambassadeurs, avec les princes étrangers ses alliés, à ce que la même liberté de trafiquer, que leurs sujets ont en France, soit accordée réciproquement aux Français;

en attendant que l'on ait trouvé les moyens propres et convenables pour rétablir la navigation, et pourvoir à la facilité
et sûreté des voyages de long-cours (1). »

Dès l'année 1646, les prévots et échevins de Paris
avaient adressés aux villes maritimes une lettre, qui semble,
tant est parfaite l'identité des sentiments et des idées, une
page détachée du *Traité de l'Economie politique* :

« Nous voyons combien les Etats voisins se sont accrus
par la navigation lointaine ; que, d'un côté, les Espagnols,
pour s'être hasardés aux entreprises de la mer, ont fait de
telles conquêtes. qu'ils peuvent maintenant mesurer la
grandeur de leur empire aux plus redoutables de l'antiquité ;
et, d'autre part, les Hollandais, pour avoir suivi à même
train, ont rendu ce coin de terre qu'ils habitent, jadis inconnu et à demi perdu dans les flots de l'Océan, très-connu
et très-habité, et tant abondant en richesses et en commodités qu'il passe de beaucoup les provinces les plus estimées
d'Europe. Mais d'autant que cela les accommode nous en
sommes incommodés; d'autant qu'ils en sont relevés, nous
en sommes abaissés, et d'autant qu'ils affermissent leur puissance et leur autorité, celle de la France semble d'autant
ébranlée et diminuée : car des richesses et commodités qui
se tirent des pays étrangers, nous n'en avons rien qui ne
passe par leurs mains, et n'y avons autre part que celle
qu'ils nous veulent faire..... Si nous n'advisons à y porter
remède, il est à craindre qu'ils tiennent dans peu de temps
la France comme investie...., et ce qui nous doit plus vivement toucher, c'est que la France même leur administre les
instruments de leur grandeur, leurs vaisseaux n'étant faits
et équipés que des matières qu'ils tirent de nous, ni conduits
que par nos hommes, ce qui nous fait embrasser avec affection les propositions qui tendent à les imiter (2). »

(1) Rathery, *États-Généraux*, p. 291.

(2) Manuscrits de Du Puy, volume XLIX, à la Bibliothèque
Impériale ; cette pièce est citée par M. Gouraud (*Politique commer-*

Cette lettre est un des documents de l'enquête qu'avait pro-
voquée Richelieu dès son premier ministère (décembre 1616-
avril 1617), et dont il sanctionna les conclusions, lorsqu'après
un éloignement de quelques années, il rentra dans les conseils du roi (1624) avec un pouvoir supérieur. Les mêmes
desseins reçurent leur formule légale dans l'édit de 1629,
connue sous le nom de *Code Michau*, qui eut pour objet
de consacrer, sous les auspices du nouveau et tout-puis-
sant ministre, les réformes demandées par les Etats de
1614, et les Assemblées de 1616 et 1626. Par un accord
qui est tout au moins fort remarquable, la politique de
Richelieu en matière de commerce, de navigation et de
colonisation est en parfaite harmonie avec l'économie politique de Montchrétien.

L'estime clairvoyante des ressources infinies de la France,
la foi absolue dans les hautes destinées de la nation, le
désir impatient du premier rôle en Europe pour la monarchie de Louis XIII, l'observation vigilante jusqu'à la
jalousie de la puissance et de la richesse des nations rivales,
une vive ambition d'influence et de rayonnement dans le
monde, par le commerce maritime et la colonisation, autant pour diminuer la maison d'Autriche que pour grandir
celle de France, tous ces patriotiques sentiments se retrou-
vent en même temps et avec l'accent d'une passion profonde, chez le cardinal et chez le publiciste.

cial de la France, 1, 188) et rapportée par M. L. Wolowski, dans
son travail sur les *Droits de Douane* et les *Traités de Commerce
entre la France* et *l'Angleterre*. (Comptes-rendus de l'Académie,
année 1861, t. LVIII, p. 351.)

Est-ce une fortuite coïncidence ? Il est permis d'en douter, si l'on interroge les temps et les circonstances.

Lors de la clôture des Etats-Généraux de 1614, le jeune
évêque de Luçon représenta son ordre pour la lecture des
cahiers, et s'y fit bien vîte remarquer et agréer au
point que, dès l'année 1615, il devenait aumônier de la
jeune reine Anne d'Autriche, et bientôt après secrétaire
d'Etat pour la guerre et pour les affaires étrangères. Le
Traité de l'Economie politique venait de paraître, pré-
sentant dans son titre même une couleur politique qu'il a
perdue aujourd'hui, et bien propre à attirer l'attention du
nouveau ministre, à l'âme ardente, active et curieuse
dans toutes les directions.

Malherbe, on l'a vu, nous apprend que l'auteur en offrit
un exemplaire au garde des sceaux ; à plus forte raison
dut-il présenter le même hommage au Secrétaire d'Etat
des affaires étrangères ; et ce livre parvenu aux mains de
Richelieu, en un temps où les livres étaient plus rares
qu'aujourd'hui et les ministres moins occupés, ne dut-il
pas attirer son attention ? Qu'il l'ait lu, qu'il l'ait goûté,
en y trouvant l'expression largement développée des
grandes pensées qui déjà fermentaient dans son esprit,
n'est-ce pas très-vraisemblable ? L'enquête qu'il prescrivit
et que nous venons de rappeler, semble être la conclusion
même des vœux émis dans le *Traité de l'Economie politique.*

Les mêmes idées lui parvinrent par d'autres voies. En
1634, de la Gomberdière lui soumit un *nouveau réglement général sur toutes sortes de marchandises et
manufactures :* on croit lire Montchrétien lui-même,

tant se ressemblent les conseils et même les expres-
sions (1) ?

La même analogie se remarque dans les maximes d'État
que le cardinal trace sous forme de *Testament politique*,
sur le commerce, la marine, les manufactures : la concor-
dance fût-elle tout à fait fortuite, elle n'en fait pas moins
d'honneur à Montchrétien.

Richelieu du reste estimait à sa valeur la science économique. On lit dans les statuts et réglements qu'il ré-
digea pour l'Académie et collége de la petite ville du Poitou
d'où sa famille tirait son nom, l'article suivant : « Les pro-
fesseurs enseigneront en la première classe la morale,
l'œconomique. la politique et la métaphysique (2). » C'était
pour le temps une innovation, quelque chose d'analogue à
notre enseignement professionnel, car les cours de l'Université ne contenaient rien de pareil (3). On peut soupçonner cependant que, à l'ombre sans doute de la philosophie
d'Aristote, l'Economique se glissa parmi les humanités,
en trouvant dans l'abbé Fleury, vers la fin du xvii⁰ siècle,
un chapitre plein de logique et d'agrément, consacré à cette

(1) M. Ed. Fournier, qui a reproduit le mémoire de la Gomberdière dans le t. III des *Variétés historiques et littéraires* de Janet,
a signalé plusieurs de ces rapprochements.

(2) Caillet, *Histoire de l'Administration française* sous le ministère du cardinal de Richelieu, t, 11, p. 80 (année 1640).

(3) Nous n'avons trouvé aucune trace de l'enseignement économique, ni dans l'*Histoire de l'Université de Paris*, par M. Jourdain,
ni dans l'*Histoire de Sainte-Barbe*, par M. Quicherat. — Dans la
2ᵉ classe de l'Académie-collège de la ville de Richelieu, les profes-
seurs devaient enseigner la géographie, la mécanique, l'optique,
l'astronomie, la gnomonique, autres nouveautés scolaires.

science en la limitant aux affaires domestiques (1). Bientôt après elle s'effacera devant le triomphe de l'école cartésienne, qui ne l'admit pas dans son plan de restauration philosophique, et dans Rollin elle aura tout à fait disparu (2).

La science ne renaîtra, sous son nom moderne et dans son cadre agrandi, qu'avec le groupe immortel des physiocrates, les vrais héritiers et continuateurs de Montchrétien. Dans l'intervalle son culte aura été maintenu, sans nom déterminé, par Boisguillebert, Vauban, Fénelon et l'abbé de Saint-Pierre, auxquels il serait bien étonnant que le *Traité de l'Economie politique* fût resté inconnu, tant il s'accorde avec leurs doctrines et leurs tendances (3).

———

Parvenu au terme de cette étude, nous pouvons assigner à Montchrétien son rang dans l'histoire littéraire de la France, au double titre de publiciste et d'économiste.

Comme publiciste, Montchrétien nous paraît être le plus sagace interprète après Sully, — et sur quelques points mieux que Sully lui-même, — de la politique de Henri IV, fille du génie d'un homme et de l'expérience des siècles. En lui revivent fidèlement, dans une intime union, l'in-

(1) Le 23ᵉ chapitre du *Traité du choix et de la méthode des Etudes*, qui date de 1686.

(2) Le *Traité des Etudes* de Rollin, date de 1726. L'Économique n'y a plus de place.

(3) Sur l'œuvre de l'abbé de Saint-Pierre, il faut lire le livre de M. de Molinari. Boisguillebert et Vauban sont maintenant bien connus. Il reste à éclairer la figure de Fénelon, comme économiste religieux, philanthrope et politique.

spiration personnelle du grand roi et l'aspiration nationale, poursuivant la gloire, la puissance, la richesse, par
le travail et la justice au dedans, par le commerce et la
colonisation au dehors, par la paix entre les peuples,
fondée sur l'égalité de leurs rapports et sur l'indépendance
de leurs gouvernements. Que Richelieu et Colbert aient
connu ou ignoré les vues de Montchrétien, leur œuvre en
fut la réalisation, mais avec une regrettable déviation au
profit du pouvoir absolu des rois. Aujourd'hui, que la
centralisation politique a rempli son objet, qui était l'u-
nité nationale, nous avons à renouer la tradition française
et recommencer en quelque sorte notre histoire au lendemain de la mort de Henri IV, pour rétablir la décentrali-
sation administrative et économique, qui a subi depuis
cette funeste date un fâcheux arrêt de développement.
Dans cette direction nouvelle, le programme de Montchrétien peut être encore consulté avec profit, et l'on pourrait même dire observé presque en entier, si les lois et
les mœurs n'avaient déjà subi de profondes réformes dans
le sens qu'il désire. L'esprit tout au moins de ses conseils
mérite d'être interrogé : esprit d'expansion, d'agrandis-
sement et d'influence par la production, non par la
guerre.

Si, comme publiciste, Montchrétien ne fut que l'interprète très-intelligent de son temps et de son pays, en ce
qu'ils avaient de meilleur, comme économiste il les de-
vança de beaucoup. Dans l'histoire de l'économie politique, science qui était tout entière à créer en 1615, le
premier rang lui appartient pour la date, non-seulement
en regard de la France, mais vis-à-vis de toutes les nations

étrangères, et son rang est encore un des premiers pour le mérite.

Que ce livre ne soit pas disposé suivant le plan des traités modernes, où la science déroule dans un langage abstrait, dans un ordre didactique, ses définitions et ses principes, ses théorèmes et ses corollaires ; qu'il se compose d'une succession de discours où l'esprit se donne libre carrière pour parcourir le vaste champ de ses investigations, ce n'est là qu'une question secondaire de forme, et ce serait trop demander aux ingénieurs d'une science d'en être en même temps les architectes. La valeur du fond se tire de la solidité et de la nouveauté des idées. Celles de Montchrétien présentent un ensemble imposant qui ne remplit pas moins de six cents pages in-4°, où elles sont coordonnées avec ordre, et exposées avec une méthode qu'un peu de prolixité ne voile pas, avec une grande abondance de faits et d'arguments, avec un heureux et rare mélange de théorie et de pratique. L'esprit de réforme s'y appuie, dans une juste mesure, sur la tradition et la logique. L'alliance de ces mérites fait du livre de Montchrétien un système et un monument.

Cependant, en quelque haute estime que nous tenions l'auteur du premier traité d'économie politique, nous ne le présentons à l'Académie que comme le plus éminent des précurseurs, et non comme le créateur même de la science économique. De notre réserve voici le motif.

Des deux notions fondamentales de la science, qui sont le travail et l'échange, Montchrétien n'a bien compris, dans toute sa plénitude, que la première ; le travail : à cet égard, il y a peu à ajouter, qui soit vraiment capital, à ce qu'il en a dit. Mais quant à la seconde notion, l'échange, il en a en partie méconnu l'essence, qui consiste dans l'égalité et la réciprocité des services. De cette équation naturelle entre la valeur des objets échangés, il résulte que, même l'étranger qui nous achète et nous vend, n'est pas seulement un concurrent de notre production, mais un client pour notre consommation, un fournisseur pour nos besoins ; et à ce double titre un auxiliaire de notre prospérité, d'autant plus utile qu'il est lui-même plus prospère. Le jour où cette vérité fut nettement comprise et affirmée, la science économique naquit ; or ce ne fut que longtemps après notre écrivain, aux yeux duquel, comme à ceux de Caton, l'idéal du bon ménager était de beaucoup vendre et de peu acheter, rien si l'on pouvait ; surtout de de se passer de l'étranger autant que possible.

Faute de s'élever à une suffisante hauteur, la science de Montchrétien manque donc de généralité et d'impartialité. Elle s'imagine que n'avoir besoin de rien hors de soi est le plus haut point de la félicité. Elle vise plus à exciter et guider une laborieuse rivalité entre les Etats, qu'à établir entre eux l'harmonie, comme il convient à toute science qui, à titre d'interprète des lois naturelles, est un instrument actif de sociabilité. Mais il convient d'ajouter que la partialité de notre auteur en faveur de la France n'accuse en rien la portée de son esprit ; de propos délibéré, il a voulu faire œuvre de citoyen plutôt que de savant ; son but est le bonheur de la France et non la constitution d'une science ; et il faut bien reconnaître que, en l'époque triste et troublée où il écrivait, les âmes avaient surtout besoin d'être relevées, retrempées, tournées vers une activité honorable et profitable. Montchrétien s'assigna ce devoir et le remplit.

Comme écrivain, l'auteur du *Traité de l'Economie politique* mérite aussi un rang bien supérieur à celui que lui assignaient ses médiocres tragédies (1). Ce n'est pas qu'il soit exempt des défauts de son époque : parfois l'emphase espagnole, quelque prolixité, trop d'étalage de ses lectures historiques et littéraires : il abuse aussi un peu plus que de raison des études qu'il paraît avoir faites en astronomie et en physiologie (2) pour se livrer à des métaphores et à des analogies d'un goût douteux ; mais cette part faite à la critique, combien de qualités restent à louer ! Il sent, il pense, il écrit fortement. Son jugement est profond et droit. Son cœur est ému quand il dépeint les souffrances du peuple, indigné quand il accuse ceux qui ruinent le pays. Son style a une dignité et une aisance qui s'adaptent toujours au sujet ; un mouvement et une chaleur qui atteignent souvent l'éloquence. Tantôt courte, concise, précipitée, tantôt abondante et colorée, sa phrase

(1) Même comme poète, Montchrétien a des qualités qui ont été signalées par M. Sainte-Beuve (*Histoire du Théâtre français*, à la suite de son *Tableau de la Poésie française* au XVIᵉ siècle, t. I, p. 314), et par M. Philarète Chasles, en ses *Etudes sur le seizième siècle*, p. 202. Il faut lire surtout la savante étude de M. Joly, citée dans les premières pages de ce mémoire.

(2) Voici une phrase qui atteste la connaissance bien précise de la double fonction des nerfs. « Du chef (tête) sourdent et se dérivent les nerfs, qui sont les instruments du sentiment et du mou‑vement, par où l'esprit animal influe en toutes les parties du corps humain, au moyen duquel elles exercent leurs naturelles facultés de sentir et de mouvoir (p. 303).

est claire, énergique, pittoresque : fort ou gracieux, solennel ou familier, le mot est presque toujours naturel et saisissant. Montchrétien appartient à cette période de transition qui unit la fin du seizième siècle à l'aube des splendeurs littéraires du dix-septième ; Montaigne (1580) à Corneille (1635) et Descartes (1637). Dans ce groupe de beaux esprits qui comprend, parmi les prosateurs, Etienne Pasquier, Olivier de Serres, Charron, Malherbe, d'Aubigné, Sully, Richelieu lui-même, je ne lui vois point de supérieur, et crois pouvoir sans témérité ajouter son nom à la liste des bons écrivains de la France.

De ce retour de justice envers le penseur et l'écrivain quelques reflets doivent remonter à l'homme lui-même. Vaincu et immolé, il a eu en outre le malheur, commun aux vaincus, que son histoire a été écrite par le vainqueur seul (1). Volontiers on lui reconnaît du courage, de la raison, un esprit inventif, prompt, délié, une éloquence facile et entraînante ; mais on n'admet pas d'autre motif à son enrôlement sous la bannière calviniste qu'une vul-

---

(1) L'histoire de la rébellion protestante de 1621 est racontée dans les ouvrages suivants : le tome VII du *Mercure français*, source commune, mais suspecte, où tous les autres historiens ont puisé ; -- Ch. Malingre, *Histoire de la rébellion*, 1622 ; — Saint-Lazare, *Histoires tragiques de notre temps*, 1651 ; — Poupart, *Histoire de Sancerre*, 1777 ; — Floquet, *Histoire du Parlement de Normandie*, t. IV. — Le *Bulletin du protestantisme français*, t. IV, p. 473, année 1856, a publié le texte de la commission donnée à Montchrétien par l'assemblée de la Rochelle. Cette pièce porte les signatures de *Loubié*, président ; *Despériers*, adjoint ; de *Feneste*, secrétaire ; *Riffaut*, secrétaire. La copie fut trouvée le 9 octobre 1621 dans une carrière près de Domfront.

gaire ambition. Quiconque aura lu son *Traité* repoussera
ces accusations de l'esprit de parti, tant ce livre respire
d'un bout à l'autre les plus hautes et nobles passions,
exprimées avec l'accent d'une ardente sincérité. Dans les
pages qu'écrit sa plume se réfléchit son âme, et cette âme
avait de la grandeur. Pourquoi n'admettrait-on pas qu'indigné des scandales de toute sorte qui déshonoraient la
cour et ruinaient la nation, Montchrétien a désespéré du
gouvernement royal, et qu'il a pris les armes à la suite de
Rohan, pour assurer à sa patrie, en des mains plus fermes
et plus honnêtes, une meilleure destinée ? La faute, toute
politique, resterait pure de tout motif de bas aloi.

Laissant à l'histoire le soin de prononcer à cet égard
un jugement définitif, revenons, pour terminer, à l'auteur
du *Traité de l'Économie politique*. S'il a ouvert et la-
bouré en divers sens le domaine de la science, il n'y a
pas jeté toutes les semences d'idées vraies et fécoudes.
Aussi malgré nos efforts pour lui rendre sa place dans la
lignée des premiers économistes, Adam Smith restera-t-il le
principal initiateur aux lois de la production, de la distribution et de la consommation des richesses, suivant les
plus hautes autorités parmi les économistes, les philosophes, les historiens (1). Mais si notre travail n'est pas trop
inférieur à notre désir, le nom d'un vaillant pionnier sor-
tira de son obscurité imméritée; une œuvre très-remar-
quable sera remise au jour; un nouvel anneau prolongera

(1) Pour les économistes, tous les maîtres. Pour les philosophes,
M. Cousin, daus son cours de 1817. Pour les historiens, M. Mignet,
dans ses *Notices* sur Sismondi, Rœderer, Charles Comte,
M. Guizot, dans ses *Mémoires*, etc.

la chaîne des premiers investigateurs du monde moderne.
Désormais l'histoire de l'économie politique ne pourra
passer sous silence Montchrétien et son traité, par lesquels
les racines de la science remontent d'un siècle et demi
plus avant dans les profondeurs du passé. Un profit sérieux pourra même naître de cette restauration dans nos
annales de la politique économique de Henri IV, déjà mise
en lumière avec tant d'autorité dans ces derniers temps.
En retrouvant dans un contemporain son interprète convaincu, intelligent, éloquent, cette politique, la vraie
politique de la France, mieux comprise pourra être mieux
pratiquée.

Et peut-être enfin aurons-nous donné un utile exemple
des réparations que la postérité réserve à ces ouvriers
méconnus de la première heure, avant-coureurs du progrès,
accusés par la prévention, dédaignés par la frivolité et
l'ignorance, parce qu'ils ont creusé leur sillon soli-
taire loin des foules, en dehors des voies battues, en avant
de leur époque. De leur vivant la popularité leur manque,
le succès les fuit; mais il en est plus d'un qui peut se
consoler en s'appliquant le vers du poète :

Multa renascentur quæ jam cecidêre.

Antoine de Montchrétien, sieur de Vateville, est du
nombre de ces victimes du malheur et du préjugé, destinées à une tardive mais durable renaissance. Que son
traité soit exhumé, par une édition nouvelle, de la poussière
des bibliothèques, et chacun y reconnaîtra, dans l'ordre
spécial des faits et des idées économiques, le testament

de Henri IV, le cahier du Tiers aux Etats de 1614, le programme de Richelieu et de Colbert, le prodrome d'une science importante et nouvelle. Si longtemps qu'ils aient été méconnus, de tels titres suffisent à l'honneur d'un nom et d'une œuvre.

Jules Duval.

NOTE A.

—

Pour montrer combien le cadre de l'*Economie politique* de Montchrétien diffère, par sa nouveauté et son étendue, du cadre de l'*Economie*, telle qu'on la comprenait à la même époque, nous rapportons la table des matières de la partie économique de la philosophie de Campanella qui parut en 1623 à Francfort et où se trouve résumée la science de son temps. Né en 1568, Campanella mourut en 1639 : il est donc contemporain de Montchrétien.

F. THOMÆ CAMPANELLÆ

PHILOSOPHIÆ REALIS PARS QUARTA

Quæ est de OEconomica

In aphorismos digesta (1).

—

Cap.

I. De elementis, essentia, fine, divisione et varietate familiæ, ac comparatione cum suo toto et partibus.

II. De institutione familiæ ac gubernatu, qui in acquisitionem, conservationem et fruitionem seu dispensationem partitur, jam dicendum esse.

Art. 1. — Art. 2. — De habitaculi institutione.

Art. 3. — De uxoris et conjugii institutione.

Art. 4. — De villæ institutione.

Art. 5. — De servorum rationalium, irrationalium, et naturalium institutione.

---

(1) F. Thomæ Campanellæ Calabri O. P. Realis Philosophiæ epilogisticæ partes quatuor, hoc est de rerum natura, hominum moribus, politica (cui civitas solis juncta est) et œconomica, cum adnotationibus physiologicis à Thobia Adami nunc primum editæ... Francofurti (Tampachii) DCXXIII.

Cap.

III. De gubernatione familiæ.

    Art. 1. — De patrisfamilias dominio secundum natu-
        ram ac politiam.

    Art. 2. — Uxorem, ubi est unica, participem esse
        œconomici dominici.
        Ubi plures nequaquam ; ac magis secundum
            naturam esse conjugium cum una,
            quam cum pluribus.

    Art. 3. — Leges viri ad uxorem in œconomica guber-
        natione.

    Art 4. — Leges uxoris ad maritum et familiam in
        œconomico gubernatu.

IV. Art. 1. — De liberorum generatione et educatione.

    Art. 2. — De rationalium servorum gubernatione.

    Art. 3. — De animalium plantarumque usu et guber-
        natu œconomico.

V. De œconomo patris familias ejusque fine, arte et exer-
    citio.

VI. De œconomica acquisitione.

VII. De rei familiaris œconomica conservatione.

VIII. De acquisitorum conservatorumve bonorum dispensa-
    tione et fruitione in vita et morte ; et de cura œco-
    nomi, quum ei mortem natura intimat.

        Responsio ad eos, qui œconomicæ doctrinæ
           contradicunt.

NOTE B.

—

Du xvi° au xviii° siècle, l'Economique a fait l'objet des ouvrages suivants, qui mériteraient un examen que nous n'avons pu leur consacrer dans ce mémoire.

Ramingen et aliorum Opuscula œconomica. Augustæ, 1566.

Petri de Bollo OEconomica canonica cum variis lectionibus *Petri Matthæi*, Lugduni, 1588.

Baptistæ Fragosa. Regimen reipublicæ christianæ, dont le tome III traite de OEconomico regimine domesticorum, Lugduni, 1652.

Antonio de Nativitate, Stromata 'œconomica, seu de regimine domus. Ulyssipo, 1653, Parisiis, 1656.

Ern. Tenzel, de legum cognitione OEconomo utili et necessaria. Erfurth, 1717.

Francisci Phil. Florini OEconomus prudens et legalis mit Anmerkungen Jo Christ. Domauers. Norimbergæ, 1762.

Aucun de ces ouvrages n'est indiqué dans le *Dictionnaire de l'Economie politique*.

Dans le même sens encore, Suarez distingue le droit patriarcal (*œconomicum jus*) du droit politique (Cantù, *Histoire universelle*, t. XV, p. 372).

NOTE C.

—

La lettre suivante a été adressée au directeur de la *Revue de l'Instruction publique,* où elle a paru dans le n° du 10 décembre 1868.

Paris, le 29 novembre 1868.

Monsieur le Directeur,

Votre numéro du 19 novembre (dont j'ai connaissance aujourd'hui seulement), contient une courte note relative à Montchrétien, auteur du premier *Traité d'économie politique,* et cette note a pour objet de rectifier la qualification d'*inconnu* que M. Mallet, l'un de vos collaborateurs, avait donnée à Montchrétien, d'après le titre d'un mémoire que j'ai été admis à lire à l'Académie des sciences morales et politiques. Loin d'être inconnu, cet économiste aurait été déjà révélé au public par M. Joly, professeur à la Faculté des lettres de Caen, dans un travail publié en 1865.

Le nom de Montchrétien vient en outre d'être rappelé avec éclat et autorité par M. le Ministre de l'instruction publique, dans son rapport à l'Empereur sur l'impulsion à donner à la culture des hautes études.

Quelques explications sur cet incident ne seront donc pas, me semble-t-il, indifférentes à vos lecteurs, et n'auront pas un caractère trop personnel.

Il est très-vrai que M. le professeur Joly a consacré une savante et élégante étude à Montchrétien, poète et économiste normand; et loin de voiler ce fait, j'ai tout au long raconté, dans mon propre travail (dont une partie a déjà paru dans le compte-rendu de l'Académie des sciences morales et politiques), comment je dois moi-même à l'écrit de

M. Joly d'avoir entrevu toute la valeur de Monchrétien (1).
Une telle déclaration n'a été de ma part qu'un acte de justice
qui n'a rien coûté à mon amour-propre.

Faut-il pour cela attribuer à M. Joly la *révélation* du *Traité
d'économie politique* de Montchrétien ! non, pas plus qu'à moi.
Dès l'année 1837, Blanqui consacrait à ce livre huit à dix
lignes dans la bibliographie qui suit son *Histoire de l'Economie politique*. — En 1852, M. Joseph Garnier s'en occupait,
dans le *Journal des Economistes* (juillet et septembre). En
1854, il admettait Montchrétien dans le *Dictionnaire de
l'Economie politique*, et reproduisait la table des matières
du *Traité*. — En 1857, MM. Haag, dans le tome VII de la
France protestante, jugeaient fort bien la valeur économique de Montchrétien, qui périt en 1621, sous le drapeau
de la Réforme. Montchrétien et son œuvre figurent en outre
dans la plupart des dictionnaires biographiques publiés depuis un siècle. Tous ces travaux, antérieurs à la notice de
M. Joly, faisaient au nom de Montchrétien assez de notoriété
pour que j'eusse pu l'associer à ceux de Nicole Oresme et de
Boisguilebert, dans le plan d'une conférence que je fis à
Rouen en 1865, sur *trois économistes normands*, et qui était
annoncée avant que me fût connue la notice de M. Joly qui
venait de paraître à Caen.

Mais à vrai dire, le mérite d'avoir réveillé le *Traité* de
l'oubli où il était tombé au dix-septième et au dix-huitième
siècle, ne revient à aucun des écrivains que je viens de citer.
Je crois pouvoir, jusqu'à preuve du contraire, en faire honneur au savant et consciencieux Monteil qui, dès 1833, dans
le *Seizième siècle* de son *Histoire des Français des divers
Etats*, cita jusqu'à trente-quatre fois, dans ses notes, Montchrétien et son *Traité*, et le cita encore dans le *Dix-septième
siècle*. C'est par là sans nul doute que Blanqui en eut connaissance et les autres après lui. Voilà notre *révélateur* à
nous tous, pour Montchrétien, comme pour bien d'autres
sources de l'histoire nationale.

D'après ces précédents, ai-je eu tort d'adopter, comme
faux titre de mon mémoire, cette formule saisissante : *Un*

(1) Livraison de juillet 1868, p. 72.

économiste inconnu du dix-septième siècle ? Oui, si ce mot avait toujours un sens absolu ; mais d'après l'Académie :

« *Inconnu* se dit quelquefois, particulièrement d'une personne qui n'est guère connue, ou qu'on regarde comme peu digne de l'être. »

Dans ce sens, Montchrétien a-t-il été, jusqu'à ce jour, malgré la citation accidentelle de son nom, inconnu comme économiste ? Je l'ai ainsi pensé, et pour me justifier, il me suffira d'invoquer les faits suivants.

Depuis 1615, le *Traité* n'a pas eu une seconde édition. — Il n'est cité par aucun des économistes du dix-huitième siècle. — Il ne l'est pas davantage dans les cours et les traités du dix-neuvième siècle (J.-B. Say, Rossi, Sismondi, Michel Chevalier, Wolowski, Cournot, Courcelle-Seneuil, Villeneuve, Baudrillart, Léon Faucher, Villiaumé, F. Passy, etc.) — Il ne figure pas, même par extrait ou mention, dans la Collection des principaux Économistes. — Avant ma lecture à l'Institut, il était inconnu, — je m'en suis assuré, — aux membres de la compagnie, les plus érudits en cette matière. — Il l'était également aux plus éminents historiens du seizième et du dix-septième siècle, MM. Michelet, Henri Martin, Poirson, qui n'auraient pas manqué de le citer quelquefois (1). — Ce *Traité* était si peu connu, que, dans son grand dictionnaire de la langue française, le savant M. Littré, rappelant le sens primitif de l'Économie politique (voir ce mot), comme science des gouvernements et de l'organisation politique, cite pour exemple le *Traité de l'Économie politique* de Montchrétien, lequel, au contraire, exclut expressément de son cadre les questions de cet ordre, et se renferme, comme nos modernes traités, dans l'étude de la production et de l'échange des richesses.

Dans leurs brillantes études sur le seizième siècle, MM. Philarète Chasles et Sainte-Beuve avaient bien rendu justice à Montchrétien, l'auteur de diverses tragédies ; mais ils avaient laissé dans l'ombre Montchrétien l'économiste, qui est le même homme. MM. Villemain et Saint-Marc Girardin ne l'avaient pas mentionné davantage.

(1) Pour M. Michelet, j'en ai la certitude, écrite de la main de l'illustre écrivain.

D'un économiste si peu connu l'hyperbole est-elle excessive à l'appeler inconnu ?

Et cependant Montchrétien est le plus profond entre les précurseurs des économistes modernes, et de plus, un remarquable écrivain, au niveau des meilleurs de son temps. C'est ce dernier mérite que M. le professeur Joly a principalement fait ressortir, en consacrant à l'économiste quelques aperçus, fort lumineux du reste, et qui consistent surtout en citations. A mon tour j'ai repris l'économiste en sous-œuvre ; je l'ai étudié à fond dans un mémoire qui n'a pas moins de onze à douze feuilles d'impressions ; j'ai prouvé que presque tous les principes de l'économie politique étaient dans le livre de Montchrétien ; et sur la base de preuves multiples, j'ai édifié cette conclusion, assez neuve, je crois, pour nos contemporains :

« Dans l'ordre spécial des idées économiques, le *Traité* de Montchrétien est le testament de Henri IV, le cahier de la bourgeoisie aux États de 1614, le programme de Richelieu et de Colbert, le prodrome d'une science importante et nouvelle. »

Si ma conclusion est acceptée par les juges compétents, n'aurai-je pas, — je ne dis pas révélé, réservons ce mot pour les choses sacrées, — du moins fait amplement connaître et mis en pleine lumière, un économiste jusqu'alors inconnu, méconnu ou peu connu, qu'importe la nuance ? N'aurai-je pas réussi à lui faire prendre, au grand honneur de la France, en tête de tous les cours, traités et livres sur l'économie politique, une place vraiment nouvelle, la première pour la date, et l'une des premières encore pour le mérite ? Et cela, tout en rendant justice à mes prédécesseurs dans ces recherches.

Un tel service à rendre au pays et à la science sera, je l'espère, à vos yeux, monsieur le Directeur, l'excuse de ces explications plus longues que je n'aurais voulu, et dont j'ose attendre l'insertion de votre courtoisie.

Agréez-en d'avance mes remerciements, monsieur le Directeur, avec l'expression de ma considération la plus distinguée.

Jules Duval,
Directeur de l'*Economie français*.

NOTE D.

—

La lettre suivante a été adressée à M. Joseph Garnier, directeur du *Journal des Economistes*, où elle paraîtra dans le n° du 15 février 1869.

*A propos d'*ANTOINE DE MONTCHRÉTIEN, *auteur du premier Traité de l'Economie politique.*

Mon cher Directeur,

Dans la livraison du 15 décembre dernier, du *Journal des Économistes* (p. 406), notre confrère M. Jules Pautet me reproche d'avoir « qualifié à tort Antoine de Montchrétien d'économiste inconnu, vu qu'il a sa place dans le *Dictionnaire d'Économie politique*, où M. Joseph Garnier lui a consacré une intéressante notice. » C'est la seconde fois que ce petit reproche revient sous sa plume, car déjà, dans la livraison de juin 1868 (p. 423), il me l'avait adressé. Cette première fois j'avais laissé passer la critique, sachant par expérience combien d'inexactitudes involontaires se glissent sous la plume d'un écrivain ; mais la répétition atteste une intention réfléchie, et dès lors elle me fait un devoir d'éclaircir le grief qui m'est imputé. Comme vous êtes un peu en cause vous-même, permettez-moi, pour la simplicité du discours, de substituer à la forme épistolaire une note, où je pourrai parler de vous à la troisième personne. Ceci dit, j'aborde directement la question.

———

J'ai eu l'honneur de lire, à l'Académie des sciences morales et politiques, un mémoire sur Antoine de Montchrétien, sieur de Vateville, auteur du premier *Traité de l'Économie politique* (1615), et ce mémoire je l'ai présenté sous ce titre : Un *éco-*

nomiste inconnu du XVIIe *siècle.* Ce titre est-il ou non justifié ? Voilà le litige soulevé par M. Jules Pautet, et qui l'avait déjà été dans la *Revue de l'Instruction publique* (numéro du 19 novembre), où j'ai dû le discuter (numéro du 10 décembre). Je ne puis que répéter en partie, mais en les complétant, les explications que j'ai déjà données dans cette *Revue.*

Si l'adjectif « inconnu » signifiait toujours absolument non connu, c'est une épithète qui s'appliquerait mal à Montchrétien. Non-seulement il figure dans le *Dictionnaire de l'Economie politique*, comme le dit M. Jules Pautet, comme je n'ai pas manqué de le dire moi-même dans mon Mémoire, mais il est cité aussi dans la bibliographie qui termine l'*Histoire de l'Économie politique* de Blanqui ; mais il a fait, en 1865, l'objet d'une notice particulière de M. Joly, professeur à la Faculté des lettres de Caen, et MM. Haag l'ont inscrit dans le tome VII de la *France protestante* (1857). — Mais bien avant eux, et avant tous je crois, l'historien Monteil l'avait cité cinquante fois au moins dans les notes du XVIe et du XVIIe siècle de son *Histoire des Français des divers Etats.* Tous ces précédents et quelques autres sont par moi rappelés dans mon Mémoire.

Pourquoi donc osé-je qualifier Montchrétien d'*économiste inconnu ?*

Parce que, d'après le *Dictionnaire de l'Académie* (6e édit., t. II, p. 23), « *inconnu* se dit quelquefois, particulièrement, « d'une personne qui n'est guère connue, ou qu'on regarde « comme peu digne de l'être : *elle s'est entêtée d'un inconnu.* »

C'est dans ce sens, parfaitement correct, que j'ai cru pouvoir qualifier Montchrétien d'économiste inconnu. Le débat entre M. Pautet et moi se pose donc sous cette nouvelle forme : Montchrétien est-il un économiste peu connu ? Etait-il, avant mon Mémoire, regardé comme peu digne d'être connu ?

1° *Montchrétien est-il peu connu ?*

Comme preuve qu'il est peu connu, je me borne à citer les faits suivants :

Il ne figure, ni par extrait, ni par simple mention, dans la

Collection des principaux économistes, de la maison Guillaumin, ni dans la série intitulée : *Bibliothèque des sciences morales et politiques*, de la même maison. — Il n'est cité, encore moins apprécié, dans aucun des traités et cours les plus estimés (Rossi, Sismondi, Michel Chevalier, Cournot, Courcelle-Seneuil, de Villeneuve, Baudrillart, Léon Faucher, Villiaumé, J. Garnier, de Molinari, Fr. Passy, et je crois pouvoir ajouter, avec une moindre certitude, Ricardo, Smith, Carey, Cherbuliez, Périn, etc.). Il n'a jamais été mentionné par les économistes du XVIIᵉ siècle (les Physiocrates, Turgot, Adam Smith et Malthus, au seuil du XIXᵉ). M. Levasseur, dans son *Histoire des classes ouvrières avant* 1789, et M. Roscher, dans ses *Principes*, traduits par M. Wolowski, citent une seule fois, en note au bas d'une page, le *Traité de l'Economie politique* de Montchrétien, mais sans aucun commentaire qui permette de croire qu'ils en aient soupçonné la valeur, que même ils l'aient connu de *visu*. Et quant à M. Horn, qui, dans son livre de l'*Economie politique avant les Physiocrates*, lui consacre une citation importante et étendue, son ouvrage ne date que de 1867, deux ans après la conférence que j'avais faite à Rouen en 1865, sur *trois économistes normands* (Oresme, Montchrétien et Boisguillebert), dont un résumé a été publié dans l'*Annuaire* du Congrès scientifique de cette année.

Montchrétien est aussi peu connu des historiens que des économistes. Pour en citer trois parmi nos contemporains les plus éminents, MM. Michelet, Henri Martin, Poirson, qui ont si profondément fouillé le XVIIᵉ siècle, ne citent pas le *Traité de l'Économie politique*, où ils eussent puisé de précieuses informations sur l'état de la France. Voltaire lui-même, leur devancier, n'a pas connu Montchrétien : son *Siècle de Louis XIV* en fait foi.

Les littérateurs l'ignorent autant que les économistes et les historiens. Beaucoup d'écrivains, et à leur tête MM. Sainte-Beuve et Philarète Chasles, ont parlé de Montchrétien, auteur de tragédies et d'autres poésies, mais ils ont gardé le silence sur Montchrétien l'économiste, qui est le même personnage. Pareil silence chez MM. Guizot, Cousin, Villemain, Saint-Marc Girardin.

Les bibliographes n'en savent guère plus. La plupart des dictionnaires biographiques consacrent bien un article au tragédien, au duelliste, à l'industriel, au rebelle huguenot qui fut tué par un ancêtre de Turgot, et dont le cadavre fut brûlé et les cendres jetées au vent ; mais, du publiciste, ils ne savent que le titre de son livre, et encore a-t-il bien peu de notoriété. Brunet ne le cite pas dans la 1re édition du *Manuel du libraire;* et si, dans la 5e et dernière, nomme le *Traité*, c'est sans indiquer de prix marqué par une seule vente.

Le livre est en effet très-rare. Imprimé à Rouen en 1615, il n'a pas eu d'autre édition : la triste fin de l'auteur, autant que la nouveauté d'une science, dont Montchrétien inventait le nom et traçait le plan, — à un point de vue national et concret, il est vrai, plutôt qu'universel et abstrait, — explique suffisamment l'obscurité dont son nom et son œuvre sont restés entourés.

C'est au point que j'oserais conjecturer que M. Jules Pautet, avant mon mémoire, n'en savait pas plus sur Montchrétien que le reste des savants, malgré le *Dictionnaire de l'économie politique.*

2° Montchrétien était-il regardé comme peu digne d'être connu ?

Sur ce second point, je n'aurai qu'à citer les opinions des deux seuls économistes qui aient parlé du *Traité*, MM. Blanqui et Joseph Garnier.

Qu'en dit Blanqui (1re édit., t. II, p. 394) : « Cet ouvrage, aujourd'hui fort rare, est divisé en trois livres qui traitent de la manufacture et de l'emploi des hommes, du commerce et de la navigation. Il ne présente d'autre intérêt que celui de résumer les idées du temps sur ces graves matières. » — Très-probablement Blanqui, dont l'ouvrage paraissait en 1838, avait connu Montchrétien par Monteil ; mais on voit, par ces quatre lignes dédaigneuses, qu'il n'en a pas même soupçonné la portée, qu'aurait pu cependant lui faire entrevoir cette particularité, fort remarquable, que son livre traitait « *de l'emploi des hommes,* » un souci des plus nouveaux, certes, au xviie siècle. — Blanqui avait feuilleté Montchrétien, et au premier coup d'œil l'avait jugé indigne d'examen : c'était un inconnu !

Quant à M. Joseph Garnier, il s'est, à ma connaissance, occupé deux fois de Montchrétien. Une première fois, dans le *Journal des Economistes* (t. XXXII, p. 306, et dans le *Dictionnaire de l'Economie politique* (1854). Il me suffira de citer son jugement, dans ce dernier article, le plus récent.

« Cet ouvrage, dit-il, est surtout remarquable par son titre, si différent de celui qui est consigné dans l'acte concédant privilége à l'auteur. C'est la première fois qu'on trouve employé le mot d'*Economie politique*, et l'on se demande si ce mot était dans la langue, ou bien si Montchrétien l'a imaginé au moment de faire tirer son titre. Il est ensuite intéressant, si on veut se rendre compte des idées qu'un personnage pareil pouvait avoir, il y a deux siècles et demi, sur beaucoup de sujets économiques, qu'il effleure plutôt qu'il ne les traite, dans des discours pleins de fades compliments au roi et à la reine-mère, de longueurs emphatiques et de réflexions en général de médiocre valeur. »

Certainement, c'est M. Joseph Garnier qui a seulement « effleuré » le livre, sans quoi il eût remarqué avec quelle ampleur Montchrétien traite les thèses qu'il aborde, ce que son cadre du reste lui permettait : le *Traité* n'a pas moins de 600 pages petit in-4º ! Il n'eût pas non plus jugé médiocres des réflexions dont la lecture de mon Mémoire prouvera au contraire la profondeur et la nouveauté. Mais il a un mérite dont je lui sais un gré particulier : il a joint à sa notice la table des matières du *Traité*, table fort remarquable et qui m'a donné l'éveil.

Mais ce qui achève de montrer le peu de cas que M. Garnier faisait de Montchrétien, c'est que dans son *Traité d'Economie politique* (5ᵉ edit., pages 645 à 659), où il consacre aux origines et à la bibliographie de l'économie politique de nombreuses et substantielles pages, où il s'ingénie à découvrir tous les auteurs de traités dans toutes les langues, il ne cite même pas Montchrétien, ni son *Traité d'Economie politique*, le premier en date, de tous les temps et de tous les lieux'! Son patriotisme reste aussi indifférent que son érudition à cet honneur de notre pays !

M. Jules Pautet trouve que, « dans l'intéressante notice de M. Joseph Garnier, Montchrétien est sommairement apprécié : » c'est inexactement qu'il fallait dire. M. Garnier a eu sous la main un trésor, et n'en a pas soupçonné la valeur, parce qu'il y avait un peu de gangue autour du métal précieux.

C'est bien en effet un bloc de minérai précieux que ce *Traité* de Montchrétien ; toute l'économie politique du xviiie et du xixe siècle, y est tantôt en substance, tantôt complétement développée. Et si l'auteur avait eu sur l'*échange* une doctrine un peu plus complète, il serait sans conteste le véritable créateur de la science économique.

Mais je n'insiste pas. En même temps que M. Jules Pautet apprécie avec équité les mérites de Montchrétien. que j'ai mis en lumière, mon Mémoire, dont le *compte-rendu* de l'Académie publie les derniers chapitres, ne tarder pas à paraitre en corps d'ouvrage, et les lecteurs curieux pourront juger de la valeur de cet écrivain, que je ne crains pas de signaler comme le plus éminent prédécesseur des économistes modernes, et comme un publiciste de premier ordre, par l'élévation et la sûreté de ses idées politiques. Aujourd'hui encore on le lirait avec profit.

Jules Duval.

Neuilly, le 2 janvier 1869

TABLE DES MATIÈRES.

—

www.ingramcontent.com/pod-product-compliance
Lightning Source LLC
Chambersburg PA
CBHW051828020726
47502CB00005B/1680